J.D. PONCE SU JOHN LOCKE

UN'ANALISI ACCADEMICA DEL SAGGIO SULL'INTELLETTO UMANO

INDICE

CONSIDERAZIONI PRELIMINARI

John Locke occupa una posizione fondamentale nella storia della filosofia occidentale, in particolare come precursore di due movimenti fondamentali: l'empirismo e il liberalismo politico. La sua opera magna, "Saggio sull'intelletto umano" (1689), rivoluzionò il discorso sull'epistemologia, sostenendo la teoria secondo cui la conoscenza deriva dall'esperienza sensoriale e dalle prove empiriche piuttosto che da idee innate o deduzioni razionali. Questa monumentale opera segnò un deciso allontanamento dalla scolastica tradizionale che aveva dominato il pensiero filosofico, spingendo Locke all'avanguardia della tradizione empirica.

L'approccio rivoluzionario di Locke alla comprensione della mente umana e delle sue capacità cognitive ha posto le basi per un cambiamento nell'indagine filosofica. Ha respinto la nozione prevalente di idee innate, postulando invece che la mente inizia come una tabula rasa (tabula rasa) su cui l'esperienza inscrive la conoscenza. Questa posizione empirista ha sfidato ipotesi secolari sulle origini della conoscenza e ha gettato le basi per l'empirismo come tradizione filosofica dominante.

Inoltre, 'Saggio sull'intelletto umano' affronta questioni fondamentali sulla percezione, l'identità e la natura della realtà. L'esame meticoloso di Locke di concetti quali sostanza, identità personale e qualità primarie e secondarie continua a stimolare dibattiti accademici in tutte le discipline. La sua esplorazione completa del linguaggio e della sua relazione con il pensiero ha anche influenzato la linguistica e la scienza cognitiva, attestando l'importanza delle sue intuizioni.

Nel regno dell'etica, l'enfasi di Locke sull'autonomia individuale e sui diritti naturali risuona fortemente nelle discussioni contemporanee sulla teoria morale e sulla filosofia politica. La sua attenzione all'importanza del consenso e della teoria del contratto sociale ha riecheggiato attraverso secoli di pensiero politico e ha svolto un ruolo fondamentale nel plasmare i principi democratici e le dottrine dei diritti umani.

Inoltre, l'impronta di Locke sulla teoria politica e sulla dottrina del contratto sociale rimane indelebile. I suoi "Due trattati sul governo" (1689) esposero nozioni radicali sulla natura della governance, della sovranità e dei diritti individuali, sfidando l'assolutismo monarchico prevalente. Affermando che gli individui possiedono diritti naturali alla vita, alla libertà e alla proprietà, Locke seminò i semi del liberalismo e della democrazia, rimodellando i contorni della filosofia politica e ispirando future rivoluzioni e quadri costituzionali.

Inoltre, l'influenza di Locke si estese oltre i confini del mondo accademico, permeando il panorama socio-politico della sua epoca e oltre. Le sue idee furono determinanti nella formulazione della Dichiarazione di Indipendenza degli Stati Uniti, con il suo concetto di contratto sociale che fungeva da perno per i principi fondamentali della democrazia americana. Inoltre, la sua concezione di tolleranza religiosa e governo limitato ebbe un impatto sui pensatori illuministi e sulla loro ricerca di un governo secolare e razionale.

In sostanza, l'importanza imponente di Locke risiede nei suoi contributi trasformativi sia nel dominio epistemologico che in quello politico. Non solo ha catalizzato un cambiamento di paradigma nella comprensione della conoscenza umana, ma ha anche galvanizzato una rivoluzione ideologica che continua a riverberare nella teoria politica contemporanea e nelle strutture sociali.

Capitolo I
L'ERA DI JOHN LOCKE

Contesto storico dell'Inghilterra del XVII secolo.

Il XVII secolo in Inghilterra fu un periodo caratterizzato da significativi sconvolgimenti politici, sociali e intellettuali. Mentre il paese era alle prese con le conseguenze della guerra civile inglese, l'esecuzione di re Carlo I e la successiva istituzione del Commonwealth sotto la guida di Oliver Cromwell, il tessuto della società inglese subì una trasformazione. La restaurazione della monarchia nel 1660 diede inizio a una nuova era di rinascita politica e culturale, aprendo la strada alla Gloriosa Rivoluzione del 1688. Questo periodo vide l'ascesa della ricerca scientifica, il fiorire della letteratura e delle arti e l'emergere di un pensiero filosofico rivoluzionario.

Il XVII secolo fu anche caratterizzato da conflitti religiosi, con tensioni elevate tra diverse confessioni cristiane, in particolare anglicani, puritani e cattolici. Lo scontro tra fazioni religiose ebbe implicazioni di vasta portata per il panorama politico, così come per i diritti e le libertà individuali. Inoltre, fattori economici come la crescita del commercio, degli scambi e l'ascesa della classe mercantile giocarono un ruolo significativo nel plasmare l'ambiente sociale e intellettuale dell'epoca.

In questo contesto tumultuoso, intellettuali e filosofi come John Locke furono profondamente influenzati dagli eventi che si svolgevano attorno a loro. Fu in questo vortice di eventi storici che Locke sviluppò le sue idee sui diritti naturali, sulla teoria del contratto sociale e sulla relazione tra individui e Stato.

Tessuto sociale dell'epoca di Locke:

Il tessuto sociale dell'Inghilterra del XVII secolo, durante il periodo di John Locke, fu caratterizzato da significativi sconvolgimenti e trasformazioni. Fu un periodo segnato da cambiamenti nella struttura sociale, nelle dinamiche economiche e nelle norme culturali, che plasmarono il contesto in cui Locke sviluppò le sue idee filosofiche e politiche. Il rigido sistema del feudalesimo stava calando, lasciando il posto a una fiorente economia capitalista e all'ascesa di una nascente classe media. La gerarchia sociale era in continuo mutamento, con le gerarchie tradizionali messe in discussione da nuovi modi di pensare ai diritti e alle libertà individuali.

Inoltre, l'impatto della guerra civile inglese e le sue conseguenze lasciarono un'impronta sulla società, portando a profonde divisioni e tensioni. La restaurazione della monarchia determinò un complesso panorama sociale, poiché diverse fazioni gareggiavano per potere e influenza, generando un clima di incertezza e intrighi politici. Quest'epoca vide anche l'emergere di caffetterie e salotti come centri di scambio intellettuale, dove voci e idee diverse convergevano, facilitando la diffusione di pensieri radicali e plasmando l'opinione pubblica.

Inoltre, il ruolo delle donne nella società stava subendo una trasformazione, poiché i dibattiti sui ruoli di genere e sull'istruzione femminile stavano guadagnando importanza. Anche la Rivoluzione scientifica e l'Illuminismo furono fondamentali nel rimodellare gli atteggiamenti e i valori sociali, promuovendo un fiorente spirito di ricerca e scetticismo. Questi cambiamenti sociali gettarono le basi per l'enfasi di Locke sulla libertà individuale, l'autonomia e la teoria del contratto sociale, riflettendo l'ethos di un'epoca in transizione.

Culmine politico:

Il periodo della Restaurazione vide il ritorno della monarchia sotto Carlo II dopo il tumultuoso governo di Oliver Cromwell e l'Interregno. Fu un periodo di ricostruzione e transizione, in cui la monarchia cercò di ristabilire l'autorità mentre affrontava l'impatto persistente della Guerra Civile e l'esecuzione di Carlo I.

In questo contesto, le idee di John Locke sulla filosofia politica iniziarono a radicarsi. Osservò le mutevoli dinamiche di potere e la lotta per il controllo tra la monarchia e il Parlamento, spingendolo ad approfondire la natura del governo, i diritti individuali e il contratto sociale. Le sue opere seminali, tra cui i "Due trattati sul governo", presentarono un argomento convincente a favore di un governo limitato e del diritto del popolo di modificarlo o abolirlo quando necessario.

La Gloriosa Rivoluzione del 1688 galvanizzò ulteriormente l'influenza di Locke, quando Guglielmo III e Maria II salirono al trono, inaugurando una monarchia costituzionale e affermando il primato della sovranità parlamentare. Gli scritti di Locke fornirono una giustificazione intellettuale per questi sviluppi, sottolineando il consenso dei governati e i diritti intrinseci degli individui. Le sue idee riecheggiarono in tutto il discorso politico, sfidando fondamentalmente le nozioni tradizionali di diritto divino e monarchia assoluta.

Inoltre, il ruolo di Locke nella formazione della "Gloriosa Rivoluzione" si estese oltre i suoi contributi filosofici. Come partecipante alla sfera politica, prestò la sua competenza e i suoi consigli a personaggi influenti, contribuendo all'evoluzione del quadro costituzionale e all'istituzione delle libertà individuali.

Tensioni religiose e teologie:

Il clima religioso dell'epoca era caratterizzato da una lotta di potere tra diverse fazioni religiose, ciascuna in competizione per il predominio e che cercava di imporre le proprie dottrine teologiche alla società. La tumultuosa eredità della Riforma inglese aveva lasciato una nazione divisa, con un conflitto continuo tra la Chiesa d'Inghilterra consolidata e gruppi dissidenti come i Puritani, gli Indipendenti e i Quaccheri. Queste divisioni religiose non solo plasmarono le dinamiche politiche e sociali del periodo, ma ebbero anche un impatto sugli sviluppi filosofici e intellettuali dell'epoca. Le esperienze e le osservazioni personali di John Locke in questo contesto giocarono un ruolo fondamentale nel plasmare le sue opinioni sulla tolleranza religiosa, la libertà individuale e il ruolo appropriato del governo in relazione alla fede religiosa.

Tradizioni filosofiche:

Nel corso del XVII secolo, diverse importanti tradizioni filosofiche erano diffuse in tutta Europa, ciascuna delle quali lasciò un impatto duraturo sullo sviluppo intellettuale di Locke. Una delle influenze più significative sulla filosofia di Locke fu la tradizione empirista, che enfatizzò l'importanza dell'esperienza sensoriale e dell'osservazione nell'acquisizione della conoscenza. Questa tradizione, che può essere fatta risalire a pensatori come Francis Bacon e Thomas Hobbes, gettò le basi per l'approccio empirico di Locke alla comprensione della mente umana e del suo funzionamento.

Inoltre, Locke fu anche influenzato dalla tradizione razionalista, in particolare attraverso il suo impegno con le opere di René Descartes e altri filosofi continentali. L'approccio razionalista, che sosteneva la ragione e le idee innate come fonti di conoscenza, presentava un punto di vista contrastante ma complementare all'empirismo di Locke.

Oltre a ciò, Locke era profondamente coinvolto nelle tradizioni scolastiche del suo tempo, traendo spunti dalle opere di filosofi medievali come Tommaso d'Aquino e Duns Scoto. Queste influenze scolastiche hanno infuso la struttura filosofica di Locke con una comprensione sfumata della metafisica e dell'epistemologia, arricchendo la sua esplorazione di argomenti come l'identità personale e la natura della realtà.

Inoltre, l'influenza della rivoluzione scientifica, sostenuta da personaggi come Galileo e Newton, non può essere trascurata nella comprensione delle inclinazioni filosofiche di Locke. Le fiorenti ricerche scientifiche della sua epoca hanno indubbiamente plasmato l'approccio di Locke alla comprensione dei fenomeni naturali e della cognizione umana.

Condizioni economiche e le loro ripercussioni intellettuali:

La transizione dal feudalesimo al capitalismo determinò un'ondata di attività commerciali, l'espansione del commercio e l'ascesa di una classe borghese che cercava libertà economica e indipendenza. Questo dinamismo economico ebbe un impatto sull'ambiente intellettuale, influenzando i pensieri e gli scritti di personaggi di spicco come John Locke. La fiorente economia capitalista alimentò discussioni sui diritti di proprietà, sulla libertà individuale e sul ruolo del governo nella regolamentazione degli affari economici.

Le condizioni economiche dell'epoca diedero origine anche a dibattiti su lavoro, valore e distribuzione della ricchezza, che fornirono terreno fertile per l'esplorazione intellettuale e l'indagine filosofica. Con il fiorire dell'economia mercantile, le questioni relative alla natura del denaro, del credito e delle dinamiche di mercato divennero oggetto di discorso intellettuale. Queste discussioni non solo influenzarono il pensiero economico, ma si intersecarono anche con dibattiti filosofici e politici più ampi, gettando le basi per lo sviluppo delle moderne teorie economiche.

Inoltre, le trasformazioni economiche del XVII secolo favorirono un ambiente favorevole allo scambio di idee e al fiorire di comunità intellettuali. Caffè, salotti e società erudite divennero centri di incontro tra studiosi, filosofi e imprenditori, creando un ricco ambiente per la contaminazione di concetti economici, politici e filosofici. Questo vibrante ecosistema intellettuale svolse un ruolo fondamentale nel plasmare le ripercussioni intellettuali delle condizioni economiche dell'epoca, contribuendo all'evoluzione degli ideali illuministi e alla formulazione di principi di governance ed economia.

È all'interno di questo panorama economico multiforme che sono emerse le opere influenti di John Locke, come "Due trattati sul governo" e "Un saggio sull'intelletto umano", che riflettono l'interazione tra esigenze economiche e sviluppi intellettuali. L'enfasi di Locke sui diritti di proprietà, sul lavoro e sul contratto sociale può essere vista come una risposta alle realtà economiche del suo tempo, mentre cercava di articolare un quadro filosofico che risuonasse con i paradigmi economici mutevoli e le aspirazioni sociali del periodo. I suoi contributi alla filosofia politica e all'epistemologia furono indelebilmente plasmati dalle condizioni economiche e dalle correnti intellettuali della sua epoca, lasciando un'impronta duratura sulle generazioni successive di pensatori e decisori politici.

Capitolo II
RADICI FILOSOFICHE DI JOHN LOCKE

Introduzione: Panoramica delle influenze intellettuali.

Per apprezzare lo sviluppo delle idee filosofiche di John Locke, è essenziale comprendere l'ambiente intellettuale in cui era immerso. Durante il XVII secolo, l'Europa ha sperimentato una moltitudine di movimenti intellettuali che hanno influenzato il pensiero di Locke. Un'influenza significativa sul pensiero di Locke è stata la rinascita dell'interesse per le filosofie greche e romane antiche. La riscoperta e la traduzione di opere di filosofi come Platone e Aristotele hanno portato a una rivalutazione e all'incorporazione delle loro idee nel discorso intellettuale dell'epoca.

Inoltre, l'influenza delle antiche filosofie stoiche, incentrate sull'etica e sulla virtù, può essere vista nella filosofia morale e politica di Locke. Inoltre, l'adozione dello scetticismo di fronte al dogmatismo religioso e metafisico durante questo periodo ha avuto un impatto sull'approccio empirista di Locke. Gli scritti di Sesto Empirico e Michel de Montaigne esemplificano lo scetticismo che permeava i circoli intellettuali dell'epoca, sfidando le credenze tradizionali e spingendo verso un cambiamento verso l'indagine empirica. È anche fondamentale notare l'impatto del Rinascimento, in particolare dell'umanesimo, che ha sottolineato il valore dell'agenzia individuale e del pensiero critico. I principi umanisti, come riflessi nelle opere di Erasmo e Sir Thomas More, hanno indubbiamente lasciato un segno indelebile sulla concezione di Locke della natura umana e sul ruolo dell'istruzione nel plasmare gli individui.

Inoltre, i progressi e le scoperte scientifiche dell'epoca, esemplificati dalle opere di Copernico e Galileo, contribuirono a una crescente enfasi sull'osservazione empirica e al rifiuto del ragionamento speculativo. Questi sviluppi fornirono terreno fertile a Locke per incorporare metodi empirici nelle sue teorie della conoscenza e della governance politica. Per illustrare, il "Novum Organum" di Bacon incarnava la richiesta di un nuovo metodo di indagine basato sull'esperienza sensoriale piuttosto che sulla fiducia nella tradizione o nell'autorità, allineandosi strettamente con la posizione epistemologica di Locke.

Filosofie antiche rivisitate:

Mentre l'Europa emergeva dall'ombra del Medioevo, studiosi e pensatori iniziarono a riallacciare i rapporti con le ricche tradizioni filosofiche dell'antichità. Le opere di Platone e Aristotele, in particolare, vissero una rinascita tutta loro, poiché vennero riscoperte e studiate con rinnovato vigore. Le idee filosofiche antiche, che erano state spesso oscurate o marginalizzate durante il periodo medievale, divennero ora una fonte di ispirazione e dibattito tra studiosi e intellettuali. La rinascita di queste antiche filosofie innescò un cambiamento nel modo in cui la conoscenza e la verità venivano concettualizzate, gettando le basi per gli sviluppi intellettuali che sarebbero seguiti.

I dialoghi di Platone, con il loro metodo dialettico e l'esplorazione di concetti astratti, fornirono un terreno fertile per l'esplorazione intellettuale. I suoi insegnamenti sulla natura della realtà, l'anima e lo stato ideale catturarono le menti dei pensatori che cercavano di comprendere i principi fondamentali alla base dell'esistenza umana. Allo stesso modo, le esaustive indagini di Aristotele su metafisica, etica e politica offrirono un quadro completo per affrontare l'esperienza umana. La rinascita del pensiero aristotelico non solo arricchì il discorso filosofico, ma esercitò anche un'influenza su campi diversi come la scienza, l'etica e la teoria politica. Mentre queste antiche filosofie venivano rivisitate e reinterpretate, servirono da pietre di paragone per i pensatori del primo periodo moderno, informando e plasmando le loro teorie e visioni del mondo in via di sviluppo.

Nell'impegnarsi con le filosofie antiche, gli studiosi dell'inizio dell'età moderna affrontarono la sfida di conciliare queste venerabili tradizioni con il mutevole panorama intellettuale e culturale del loro tempo. Cercarono di ricavare intuizioni da questi testi antichi, adattandoli anche per affrontare le preoccupazioni e le indagini urgenti del diciassettesimo secolo. Questo sforzo portò a un'interazione dinamica tra tradizione e innovazione, poiché i pensatori affrontarono le tensioni tra la riverenza per il passato e l'imperativo di forgiare nuovi percorsi di ricerca. Il vivace scambio tra le filosofie antiche e le fiorenti correnti intellettuali dell'inizio dell'età moderna produsse un ricco arazzo di idee che avrebbe plasmato la traiettoria del pensiero occidentale.

Umanesimo rinascimentale e il suo impatto:

L'umanesimo rinascimentale, un movimento culturale e intellettuale emerso all'inizio del periodo moderno, ha influenzato il panorama filosofico durante la vita di John Locke. Questo movimento fondamentale ha enfatizzato lo studio dei testi classici, in particolare quelli dell'antica Grecia e Roma, e ha sostenuto una rinascita del pensiero e dell'espressione incentrati sull'uomo. Gli studiosi e i pensatori del Rinascimento hanno abbracciato una vasta gamma di argomenti, tra cui letteratura, arte, storia, filosofia ed etica, nel tentativo di riscoprire e rivalutare l'esperienza umana.

Una delle caratteristiche distintive dell'umanesimo rinascimentale era il suo impegno verso l'individualismo e la celebrazione del potenziale umano. Questo spostamento di attenzione dal dogma religioso alla capacità umana incoraggiò una rinnovata enfasi sulla ragione, il pensiero critico e l'agenzia personale. Promuoveva un'esplorazione più ampia della condizione umana, sfidando le ortodossie consolidate e i vincoli tradizionali sulla conoscenza e la creatività.

L'impatto dell'umanesimo rinascimentale risuonò in tutta Europa, trasformando le istituzioni educative e ispirando nuovi approcci all'apprendimento e alla borsa di studio. Gli studiosi umanisti svolsero un ruolo cruciale nel promuovere l'uso delle lingue vernacolari e nell'ampliare l'accesso all'istruzione, democratizzando così la conoscenza e dando potere a individui di diversa estrazione. Questa democratizzazione della conoscenza contribuì a preparare il terreno per l'Illuminismo, un periodo caratterizzato dall'abbraccio della ragione, dello scetticismo e del progresso intellettuale.

Inoltre, l'umanesimo rinascimentale ha innescato una rivalutazione della relazione tra l'umanità e il mondo naturale. Questo cambiamento di prospettiva ha portato a significativi progressi nell'indagine scientifica, promuovendo un approccio più sistematico all'osservazione e alla sperimentazione. L'enfasi umanista sulle prove empiriche e sull'indagine ragionata ha gettato le basi per la rivoluzione scientifica che è seguita, rimodellando le concezioni dell'universo fisico e sfidando i dogmi prevalenti.

Cartesio e la tradizione razionalista:

La scuola razionalista, di cui Descartes era una figura chiave, enfatizzava l'uso della ragione come fonte primaria di conoscenza e sosteneva l'innata capacità della ragione umana di discernere la verità. L'opera fondamentale di Descartes, "Meditazioni sulla filosofia prima", presentava il suo metodo del dubbio come mezzo per raggiungere la certezza nella conoscenza, gettando le basi per l'epistemologia razionalista.

Nella sua ricerca di certezza, Cartesio introdusse notoriamente la nozione di cogito ergo sum, ovvero "penso, quindi sono", come verità indubitabile su cui poteva essere costruita tutta la conoscenza. Questa affermazione radicale sfidava la prevalente fiducia nell'esperienza sensoriale come base della conoscenza, stabilendo un nuovo corso per l'indagine epistemologica. Dando priorità all'intuizione razionale e al ragionamento deduttivo, Cartesio cercò di stabilire una base sicura per le scienze e la metafisica, sostenendo l'unità della conoscenza sostenuta dalla ragione.

Inoltre, il quadro razionalista di Descartes si estese alla sua prospettiva ontologica dualistica, postulando notoriamente la divisione tra mente e corpo come sostanze distinte. Il suo concetto di dualismo mente-corpo scatenò un ampio dibattito e continua a essere un punto focale nelle discussioni sulla coscienza e l'identità. Inoltre, la metodologia matematica di Descartes nella filosofia naturale influenzò significativamente l'indagine scientifica, promuovendo l'applicazione dei principi matematici ai fenomeni fisici, un segno distintivo della rivoluzione scientifica.

La ricezione delle idee di Descartes riecheggiò nei circoli intellettuali del suo tempo, suscitando ammirazione e critica. La sua eredità si estese ai filosofi successivi, fungendo da influenza fondamentale per pensatori come Spinoza, Leibniz e Malebranche. La tradizione razionalista, con Descartes in prima linea, generò un cambiamento di paradigma nel discorso filosofico, plasmando l'Illuminismo e oltre.

Thomas Hobbes e il contratto sociale:

Thomas Hobbes, uno dei filosofi politici più influenti del suo tempo, ha dato contributi significativi al concetto di contratto sociale. Nato nel 1588 durante un periodo di immenso sconvolgimento politico e sociale in Inghilterra, Hobbes fu fortemente influenzato dalla guerra civile inglese e dalle sue conseguenze. La sua opera fondamentale, "Leviatano", pubblicata nel 1651, approfondisce la natura della società e del governo.

Centrale nella teoria politica di Hobbes è l'idea di un contratto sociale, che egli postulava come un accordo implicito tra individui per stabilire una società civile per il loro beneficio collettivo. Secondo Hobbes, in uno stato di natura, la vita umana sarebbe solitaria, povera, cattiva, brutale e breve. Per sfuggire a questa condizione terribile, gli individui rinunciarono volontariamente ad alcuni dei loro diritti naturali a un'autorità centrale, creando un potere sovrano per garantire pace e sicurezza. Questo Leviatano, o il sovrano onnipotente, agisce come il preservatore dell'ordine sociale e impedisce la discesa nel caos.

La prospettiva di Hobbes sulla natura umana era pessimista. Credeva che gli esseri umani fossero intrinsecamente egoisti e aggressivi, rendendo essenziale l'istituzione di un governo forte e autoritario per mantenere la stabilità. La sua enfasi sulla necessità di un'autorità assoluta era in netto contrasto con le teorie più liberali di Locke, che sosteneva un governo limitato e proteggeva le libertà individuali.

L'influenza delle idee di Hobbes sui filosofi e i pensatori politici successivi non può essere sopravvalutata. Il concetto di contratto sociale è diventato una pietra angolare del pensiero politico moderno, ispirando teorici successivi come Jean-Jacques Rousseau e John Locke. Inoltre, le opere di Hobbes hanno scatenato ampi dibattiti sulla natura del potere, dell'autorità e della relazione tra individui e stato, plasmando il discorso sulla governance per i secoli a venire.

La tradizione empirista: da Bacone a Hume.

La tradizione empirista, che spazia dalle influenti opere di Francis Bacon ai contributi filosofici di David Hume, racchiude un significativo lignaggio di pensiero che ha influenzato notevolmente John Locke e le sue teorie. Questa tradizione pone un'enfasi fondamentale sull'esperienza e sulle prove empiriche come fondamento per l'acquisizione della conoscenza. Il principio centrale dell'empirismo afferma che tutta la conoscenza umana deriva dalla percezione sensoriale e, quindi, rifiuta la conoscenza innata o a priori. Questo rifiuto contrasta nettamente con il razionalismo, che postula che certe verità sono inerenti alla mente indipendentemente dall'esperienza.

Francis Bacon, spesso acclamato come il padre dell'empirismo, sostenne un approccio metodico all'indagine scientifica noto come metodo scientifico. La sua opera fondamentale, "Novum Organum", sfidò il prevalente quadro aristotelico e guidò un cambiamento rivoluzionario verso l'osservazione e la sperimentazione empirica. L'insistenza di Bacon sull'esperienza sensoriale diretta gettò le basi per l'approccio empirista in filosofia e scienza, influenzando filosofi successivi come Locke.

Seguendo le orme di Bacon, John Locke sviluppò ulteriormente la tradizione empirista nel suo "Saggio sull'intelletto umano". La concettualizzazione della mente da parte di Locke come tabula rasa, o tabula rasa, esemplifica il suo impegno verso il punto di vista empirista, affermando che tutte le idee hanno origine da esperienze sensoriali. Questo allontanamento dalle idee innate proposte da razionalisti come René Descartes segnò un momento cruciale nella storia del pensiero filosofico, plasmando fondamentalmente il periodo dell'Illuminismo e oltre.

Inoltre, il contemporaneo di Locke, George Berkeley, fece progredire l'empirismo attraverso la sua teoria dell'immaterialismo, postulando che gli oggetti materiali esistono solo come idee percepite dalle menti. Questa radicale rivisitazione della percezione e dell'esistenza consolidò ulteriormente la tradizione empirista, sfidando radicati presupposti metafisici e sottolineando l'importanza dell'esperienza sensoriale.

Il culmine della tradizione empirista può essere visto nei contributi di David Hume, il cui empirismo scettico cercò di minare i concetti metafisici tradizionali. L'esplorazione di Hume della causalità, dell'induzione e dei limiti della comprensione umana esaminò criticamente i principi fondamentali della conoscenza empirica. Le sue indagini filosofiche non solo ampliarono la portata dell'empirismo, ma generarono anche un dibattito e una riflessione significativi tra le generazioni successive di pensatori.

Scolastica e influenza teologica:

La scolastica, un movimento intellettuale dominante durante tutto il periodo medievale, ha svolto un ruolo significativo nel plasmare la prospettiva filosofica di John Locke. Nel suo nucleo, la scolastica ha cercato di conciliare la teologia cristiana con la filosofia classica, in particolare le opere di Aristotele. Questa unione ha portato allo sviluppo di un approccio sistematico alla conoscenza e alla comprensione, fortemente influenzato dalle dottrine teologiche del tempo.

L'influenza teologica sulle idee di Locke è evidente nella sua esplorazione della natura della conoscenza, della fede e della mente umana. Il pensiero scolastico sottolineava l'importanza della fede e della ragione, descrivendole come elementi complementari piuttosto che in conflitto nella ricerca della verità. Questa idea risuonò profondamente in Locke, che si avventurò a integrare questi concetti nel suo quadro filosofico.

Inoltre, l'enfasi scolastica sulla logica e la dialettica ha avuto un impatto sull'approccio di Locke all'indagine e al dibattito.

L'analisi meticolosa e l'argomentazione rigorosa caratteristiche della metodologia scolastica si sono infiltrate nelle ricerche intellettuali di Locke, contribuendo alla struttura sistematica e logica dei suoi scritti.

Inoltre, le influenze teologiche pervadevano i pensieri di Locke sulla moralità e l'etica. Gli insegnamenti scolastici sulla legge naturale e sulla teoria del comando divino fornirono una base per l'esplorazione di Locke dei diritti naturali e della formazione della società civile. L'enfasi scolastica sui principi morali inerenti all'ordine naturale risuonava con la difesa di Locke della libertà individuale e della teoria del contratto sociale, infondendo il suo lavoro di implicazioni etiche.

Inoltre, l'impegno della tradizione scolastica con questioni metafisiche su essere, sostanza e causalità ha gettato le basi per le teorie di Locke su identità personale, sostanza e qualità primarie e secondarie. Nonostante il suo allontanamento da molti principi scolastici, Locke si è impegnato criticamente con queste indagini metafisiche, sfruttando il loro discorso per articolare le sue teorie sulla percezione, l'esistenza e i limiti della comprensione umana.

Il ruolo dell'istruzione nella formazione delle idee:

L'istruzione, al tempo di John Locke, ha svolto un ruolo fondamentale nel plasmare i paesaggi intellettuali degli individui. Questo periodo formativo, che spesso iniziava nella prima infanzia e si estendeva fino all'età adulta, era profondamente intrecciato con lo sviluppo delle prospettive filosofiche e ideologiche di una persona. Forniva le fondamenta su cui gli individui costruivano la loro comprensione del mondo, della società e del loro posto al suo interno.

Al centro di questo processo c'erano le istituzioni educative dell'epoca, in particolare le scuole e le università. Queste istituzioni erano responsabili non solo di impartire la conoscenza, ma anche di instillare valori e modi di pensare particolari. Il curriculum, spesso radicato negli studi classici, esponeva gli studenti a una gamma di discipline tra cui letteratura, storia, retorica e filosofia. Questa ampia esposizione incoraggiava il pensiero critico e forniva agli individui gli strumenti per confrontarsi con idee e dibattiti complessi.

Uno dei principali fattori di influenza all'interno della sfera educativa è stata la preminenza degli insegnamenti religiosi. L'intreccio di credenze religiose con contenuti educativi ha fatto sì che la dottrina religiosa spesso permeasse molti aspetti dell'apprendimento accademico. Questa connessione tra istruzione e religione ha favorito una profonda comprensione della moralità, dell'etica e della natura metafisica dell'esistenza. Ha inoltre introdotto gli individui al concetto di autorità, gettando le basi per il loro futuro impegno con teorie politiche e sociali.

Centrale nella discussione sull'istruzione come influenza formativa è il ruolo degli insegnanti e dei mentori. Queste figure guida esercitavano un'influenza significativa sullo sviluppo intellettuale dei loro studenti, plasmando le loro prospettive attraverso l'istruzione, il dibattito e l'esempio personale. In quanto tali, questi educatori avevano il potere di plasmare le ideologie della generazione successiva, trasmettendo sia la conoscenza esplicita che i valori impliciti.

Inoltre, l'ambiente educativo spesso facilitava l'interazione con coetanei di diversa estrazione, consentendo lo scambio e la sintesi di prospettive diverse. Questa esposizione a punti di vista diversi, siano essi culturali, religiosi o filosofici, favoriva una ricchezza nel discorso intellettuale e contribuiva alla coltivazione di una mentalità aperta e di tolleranza.

Capitolo III
L'ORIGINE DELLE IDEE – TEMA I

Il fulcro della filosofia empirista di Locke risiede nell'affermazione che tutte le nostre idee derivano dall'esperienza sensoriale. Egli postula che la mente umana è inizialmente una tabula rasa, o tabula rasa, su cui le esperienze si inscrivono per formare la base di ogni conoscenza. Questo concetto rivoluziona la comprensione convenzionale sottolineando l'importanza dell'osservazione empirica e dei sensi nel plasmare le nostre facoltà intellettuali.

Locke articola la sua teoria in modo famoso usando l'analogia di un sigillo di cera. Proprio come un sigillo si imprime sulla cera, i fenomeni esterni lasciano impressioni nella mente, generando così idee. Che si tratti della sensazione di calore, della vista di un tramonto vibrante o del suono di una composizione musicale, ogni esperienza contribuisce al mosaico pittorico del nostro paesaggio mentale.

Questa esposizione filosofica spinge a contemplare l'interazione tra percezione e cognizione. Come elaboriamo gli input sensoriali ricevuti dal mondo che ci circonda? Come si trasformano questi input in consapevolezza cosciente e pensiero concettuale? La spiegazione di Locke offre un quadro convincente per comprendere la genesi del nostro contenuto mentale.

Inoltre, l'esplorazione dell'origine delle idee colloca l'individuo nel contesto più ampio della società e della cultura. Man mano che avanziamo nella vita, incontriamo diversi stimoli culturali, sociali e storici che plasmano le nostre percezioni e convinzioni. Ciò spinge a riflettere sulle molteplici influenze che convergono per plasmare il nostro tessuto cognitivo.

Capitolo IV
CATEGORIZZAZIONE DELLE IDEE – TEMA II

Locke postula che tutte le nostre idee possono essere classificate come semplici o complesse, in base alla loro natura fondamentale e composizione. Le idee semplici, secondo Locke, sono i mattoni del pensiero e dell'esperienza umana. Sono derivate direttamente dalla sensazione e dalla riflessione, rappresentando gli elementi più basilari della percezione. Esempi di idee semplici includono quelle di colore, suono, gusto e consistenza, i dati grezzi dell'esperienza sensoriale. Locke sottolinea il ruolo fondamentale delle idee semplici nel plasmare la nostra comprensione del mondo che ci circonda. Sostiene che queste idee semplici servono come fondamento su cui sono costruite le nostre strutture cognitive più complesse. Al contrario, le idee complesse si formano attraverso la combinazione e la sintesi di idee semplici. Locke afferma che la mente umana ha la capacità innata di manipolare e ricombinare idee semplici per formare idee complesse. Ad esempio, l'idea complessa di un albero è composta da varie idee semplici come forma, dimensione, consistenza e colore, che vengono sintetizzate per creare una rappresentazione mentale unificata di un albero. La concezione di idee complesse di Locke evidenzia il potere creativo e trasformativo della mente umana nell'elaborazione e nell'organizzazione dell'input sensoriale. Inoltre, la distinzione di Locke tra idee semplici e complesse ha implicazioni di vasta portata per la comprensione della cognizione umana e dei processi di apprendimento, ragionamento e comunicazione. La classificazione delle idee in queste due categorie fornisce un quadro per comprendere le dinamiche della formazione del pensiero e della rappresentazione concettuale.

Capitolo V
IDENTITÀ E DIVERSITÀ – TEMA III

I pensieri di Locke su questo argomento hanno avuto un impatto significativo sulla filosofia moderna e continuano a plasmare la nostra comprensione della natura umana e del sé. Secondo Locke, il concetto di identità è fondato sulla continuità della coscienza e sulla capacità di riconoscere se stessi come la stessa persona nel tempo. Egli sostiene che la nostra identità personale è in ultima analisi radicata nella nostra consapevolezza delle esperienze passate e nella connessione dei nostri pensieri e ricordi. Questa nozione sfida le visioni tradizionali dell'identità come fissa e immutabile, proponendo invece una comprensione più fluida e dinamica del sé.

Locke esamina anche l'idea di diversità, sottolineando l'immensa variazione e unicità tra gli individui. Rifiuta la nozione di idee innate e invece postula che le nostre menti sono inizialmente delle tabulae vuote, modellate e plasmate dalle nostre esperienze e interazioni con il mondo. Ciò porta a un ricco arazzo di prospettive, credenze e valori diversi che caratterizzano la società umana.

L'esplorazione di Locke dell'identità e della diversità ci incoraggia a considerare la complessità e la ricchezza dell'esistenza umana, sfidandoci ad abbracciare la molteplicità di identità ed esperienze che definiscono le nostre vite. Le sue idee stimolano la riflessione sulla natura dell'identità personale, l'interazione tra individualità e comunità e il valore intrinseco della diversità nel plasmare la nostra comprensione del mondo.

Capitolo VI
LINGUA E COMUNICAZIONE – TEMA IV

Lingua e comunicazione svolgono un ruolo fondamentale nell'acquisizione e nella diffusione della conoscenza. Locke postulò che la comprensione umana è prevalentemente modellata dalle esperienze raccolte attraverso i sensi. La lingua funge da canale per trasmettere queste esperienze, consentendo agli individui di articolare i propri pensieri, percezioni e intuizioni, facilitando così la trasmissione e l'accumulo di conoscenza all'interno della società.

Tuttavia, il linguaggio può anche fungere da barriera alla conoscenza quando non riesce a esprimere accuratamente le proprie esperienze o quando viene utilizzato in modo ingannevole. I pensieri di Locke sui limiti del linguaggio gettano luce sulle sfide della comunicazione efficace e sul potenziale di incomprensioni e interpretazioni errate. Riconobbe che le barriere linguistiche potrebbero ostacolare la trasmissione della conoscenza e portare a discordia intellettuale.

Inoltre, la complessità e la sfumatura del linguaggio creano ulteriori livelli di difficoltà nel tradurre esperienze soggettive in conoscenza condivisa. La filosofia lockeana sottolinea la necessità di precisione e chiarezza nella comunicazione, sottolineando la necessità di una comprensione comune del linguaggio per promuovere uno scambio di conoscenza efficace.

D'altra parte, l'evoluzione del linguaggio e il suo impatto sullo sviluppo del pensiero e della conoscenza non possono essere trascurati. Attraverso un esame delle teorie di Locke, approfondiremo il modo in cui i cambiamenti nell'uso e nella struttura del linguaggio hanno influenzato la formazione e la diffusione delle idee nel corso della storia.

Lo studio del linguaggio getta luce sulle dimensioni culturali e sociali della conoscenza. Analizzando la relazione tra linguaggio e conoscenza all'interno di diversi contesti sociali, possiamo ottenere informazioni sulle diverse prospettive e visioni del mondo che plasmano la comprensione umana.

Nell'affrontare le barriere e i canali presentati dal linguaggio e dalla comunicazione, bisogna considerare le dinamiche di potere insite nell'espressione linguistica. L'esplorazione di Locke dell'influenza della retorica, della persuasione e della propaganda sulla diffusione della conoscenza solleva importanti questioni sull'etica della comunicazione e sull'uso responsabile del linguaggio nella ricerca della verità.

Capitolo VII
COMPRENSIONE UMANA – TEMA V

Locke postulò che la fonte primaria di conoscenza deriva dalle nostre esperienze sensoriali e dalle osservazioni del mondo esterno. Sostenne che la mente umana è una tabula rasa alla nascita e che tutta la conoscenza deriva dalla percezione sensoriale e dalla riflessione. Questa posizione epistemologica costituisce il fondamento dell'empirismo, l'approccio filosofico che sottolinea l'importanza dell'esperienza e delle prove nella formazione delle credenze e nell'acquisizione della conoscenza.

La visione di Locke sul ruolo della scienza nella comprensione umana è intrinsecamente legata alla sua teoria empirica. La scienza, secondo Locke, svolge un ruolo cruciale nell'ampliare la comprensione umana organizzando e interpretando sistematicamente le nostre esperienze sensoriali. Attraverso il metodo scientifico, gli individui possono raccogliere e analizzare dati, formulare ipotesi, condurre esperimenti e trarre conclusioni basate su prove empiriche. Questo processo ci consente di sviluppare una comprensione più completa del mondo naturale e dei fenomeni al suo interno.

Inoltre, Locke ha sottolineato l'importanza del pensiero critico e dell'indagine razionale nella ricerca della conoscenza. Credeva che attraverso l'applicazione della ragione e l'indagine sistematica, gli individui potessero raggiungere una comprensione più profonda dei principi sottostanti che governano l'universo. Sostenendo l'esame e l'interpretazione sistematica dei dati empirici, la filosofia di Locke ha gettato le basi per il metodo scientifico moderno e ha contribuito al progresso di varie discipline scientifiche.

Capitolo VIII
CONOSCENZA – TEMA VI

Mentre intraprendiamo questo viaggio intellettuale, ci troviamo di fronte alla questione fondamentale di come acquisiamo la conoscenza e in quale misura può essere raggiunta. La filosofia empirista di Locke postula che tutta la conoscenza ha origine dall'esperienza sensoriale e dalla riflessione, gettando le basi per un'analisi approfondita dei gradi di conoscenza. Categorizza la conoscenza in intuitiva, dimostrativa e sensibile, ciascuna con caratteristiche e implicazioni distinte per la comprensione umana. Il concetto di conoscenza intuitiva, secondo Locke, nasce da verità evidenti che sono immediatamente e innegabilmente evidenti alla mente. Questa forma di conoscenza è considerata la più certa e indubitabile, fungendo da pietra angolare dell'indagine razionale. La conoscenza dimostrativa, d'altro canto, implica una progressione logica passo dopo passo dagli assiomi fondamentali alle conclusioni derivate. Sebbene meno immediata della conoscenza intuitiva, la conoscenza dimostrativa ha un immenso valore nel plasmare la nostra comprensione di fenomeni complessi attraverso l'inferenza ragionata. Inoltre, Locke discute la conoscenza sensibile, che deriva da osservazioni ed esperienze empiriche. Questo tipo di conoscenza è intrinsecamente subordinato all'affidabilità della percezione sensoriale ed è soggetto a interpretazione e fallibilità. Esploriamo anche i limiti intrinseci della conoscenza umana, come chiarito da Locke. Nonostante i notevoli progressi nella scienza e nella ragione, Locke sostiene che la conoscenza umana è intrinsecamente limitata dalla natura finita della mente umana e dai limiti della percezione sensoriale. Pertanto, mentre la conoscenza è parte integrante dell'esistenza umana, il suo ambito è circoscritto dai vincoli della percezione, della cognizione e dai confini intrinseci della comprensione umana.

Capitolo IX
FEDE, ENTUSIASMO E RAGIONE – TEMA VII

La posizione filosofica di Locke su fede e ragione ha avuto un'influenza determinante nel plasmare l'epistemologia moderna. Al centro dell'indagine epistemologica di Locke c'è la tensione tra la fede basata sulla fede e la fede fondata sulla ragione. Egli distingue tra la fede, che è una questione di convinzione personale o credenza religiosa, e la ragione, che è fondata su prove, osservazione e razionalità.

Locke presenta un approccio cauto alla fede, riconoscendone l'importanza nell'esperienza umana ma sottolineando anche il ruolo critico della ragione nel discernere la verità. Sostenendo la ragione come arbitro ultimo della conoscenza, Locke cerca di stabilire un quadro per acquisire una comprensione genuina. Questa prospettiva sfumata eleva l'importanza sia della fede che della ragione, riconoscendone i regni distinti e sostenendone al contempo la coesistenza armoniosa.

Inoltre, Locke affronta l'entusiasmo, una forma di fede fervente e spesso zelante che rifugge la razionalità e le prove. Mette in guardia contro l'influenza incontrollata dell'entusiasmo, evidenziandone il potenziale di distorcere la vera conoscenza e portare a convinzioni fuorvianti. In tutti i suoi scritti, Locke cerca di trovare un equilibrio tra fede, entusiasmo e ragione, promuovendo la ricerca della conoscenza informata dall'indagine logica e dalle prove empiriche.

Capitolo X
ANALISI DEL LIBRO I – "DELLE NOZIONI INNATE"

L'assenza di principi speculativi innati:

1. L'argomentazione di Locke contro i principi speculativi innati:

In 'Saggio sull'intelletto umano', John Locke confuta con veemenza la nozione ampiamente accettata di principi speculativi innati. La sua argomentazione ruota attorno all'idea che la mente umana sia una tabula rasa o una tabula rasa alla nascita, priva di qualsiasi conoscenza speculativa predeterminata. Locke afferma che non ci sono idee innate impresse nella mente, in particolare nel regno dei principi speculativi. Rifiuta categoricamente l'esistenza di qualsiasi verità innata, comprese quelle relative a concetti astratti e comprensione generale.

L'argomento principale di Locke contro i principi speculativi innati deriva dal suo approccio empirico alla comprensione della cognizione umana. Egli postula che tutta la conoscenza ha origine dall'esperienza sensoriale e dalla riflessione, piuttosto che essere ereditata o impiantata nella mente dalla nascita. Secondo Locke, la mente umana è inizialmente priva di qualsiasi contenuto e acquisisce conoscenza attraverso la percezione di oggetti esterni e la contemplazione introspettiva. Questo aspetto fondamentale della filosofia di Locke lo porta a respingere la nozione che i principi speculativi siano inerenti e innati.

Inoltre, Locke sfida il concetto di principi speculativi innati evidenziando le variazioni nella comprensione umana tra individui e culture. Osserva la diversità di opinioni e credenze sostenute dalle persone, che sostiene non sarebbero prevalenti se tutti possedessero principi speculativi innati uniformi.

L'affermazione di Locke è supportata dalle evidenti differenze di ragionamento e razionalità tra varie società e periodi storici, minando così la premessa di principi speculativi innati universali.

Un altro elemento fondamentale dell'argomentazione di Locke riguarda l'assenza di consenso riguardo ai principi speculativi. Esaminando attentamente la mancanza di unanimità in questi principi in diverse società e civiltà, sostiene che se tali principi fossero innati, dovrebbero generare un accordo universale o almeno una coerenza predominante. L'enfasi di Locke sull'assenza di principi speculativi innati come forza unificante nel pensiero umano rafforza ulteriormente la sua posizione.

2. Controargomentazioni e critiche filosofiche:
In risposta all'argomentazione di John Locke contro i principi speculativi innati, sono emersi diversi controargomenti e critiche filosofiche. Una tesi degna di nota postula che il rifiuto dei principi speculativi innati potrebbe portare a una visione eccessivamente scettica della comprensione umana. I critici sostengono che, sebbene l'enfasi di Locke sul ruolo dell'esperienza sia valida, potrebbe minare la possibilità di accedere a certe verità fondamentali attraverso l'intuizione razionale.

Inoltre, alcuni studiosi contestano la distinzione di Locke tra idee derivate dalla sensazione e dalla riflessione, affermando che questa demarcazione semplifica eccessivamente la complessità dei processi cognitivi umani. Sostengono che il coinvolgimento attivo della mente nella sintesi delle percezioni sensoriali con riflessioni introspettive può produrre intuizioni che non possono essere attribuite esclusivamente alla conoscenza esperienziale.

Inoltre, il dibattito sui principi speculativi innati ha scatenato discussioni sulla natura degli universali e dei concetti astratti.

Gli oppositori della posizione di Locke sostengono che il suo rifiuto dei principi speculativi innati trascura la potenziale esistenza di concetti a priori che sono essenziali per comprendere le verità universali e trascendere le esperienze individuali.

Inoltre, i filosofi hanno sollevato preoccupazioni sulle implicazioni della negazione dei principi speculativi innati nel contesto della filosofia morale e politica. Alcuni sostengono che un affidamento esclusivo alla conoscenza empirica potrebbe limitare la nostra capacità di discernere gli universali morali e costruire quadri etici che trascendono la variabilità culturale.

I critici hanno anche messo in dubbio la coerenza della posizione di Locke, evidenziando ciò che percepiscono come tensioni interne al suo quadro epistemologico. Sostengono che mentre Locke enfatizza la concezione tabula rasa della mente nel rifiutare principi speculativi innati, il suo riconoscimento di certi principi pratici innati sembra introdurre un certo grado di incoerenza.

Oltre a queste specifiche affermazioni, il discorso più ampio sui principi speculativi innati ha spinto a rivalutare la relazione tra metafisica ed epistemologia. I filosofi continuano a riflettere sulla misura in cui i presupposti metafisici sostengono le teorie epistemologiche, tenendo conto delle implicazioni dell'accettazione o del rifiuto dei principi speculativi innati.

3. Impatto sulle successive teorie epistemologiche:
Smantellando la nozione di un fondamento di conoscenza a priori e sottolineando il ruolo dell'esperienza come fonte primaria di conoscenza, Locke gettò le basi per le filosofie empiriste che seguirono. Questo cambiamento di prospettiva aprì la strada a sviluppi significativi nell'epistemologia moderna e continua a influenzare il pensiero contemporaneo.

Uno degli impatti chiave della posizione di Locke sui principi speculativi innati è la sua influenza sullo sviluppo dell'empirismo come posizione filosofica di spicco. Empiristi come David Hume e George Berkeley si sono basati sulle idee di Locke, plasmando ulteriormente la traiettoria del discorso filosofico. L'empirismo radicale di Hume, in particolare, ha sfidato le nozioni tradizionali di causalità e induzione, spingendo l'indagine epistemologica in un territorio nuovo e fertile.

L'enfasi di Locke sul ruolo dell'esperienza ha anche scatenato discussioni sulla natura della percezione, dell'identità e sui limiti della comprensione umana. Le sue opinioni hanno spinto i filosofi successivi ad approfondire la costruzione della conoscenza e i modi in cui opera la cognizione umana. Questa continua esplorazione ha prodotto intuizioni inestimabili sul pensiero umano e sulla formazione delle credenze.

Inoltre, il rifiuto di Locke dei principi speculativi innati ha fornito impulso ai dibattiti successivi sulla relazione tra linguaggio, concetti e acquisizione di conoscenza. Le implicazioni delle sue argomentazioni hanno riverberato attraverso le teorie linguistiche e cognitive, influenzando lo sviluppo di campi quali la semantica, la psicologia cognitiva e la filosofia della mente.

Nel regno dell'indagine scientifica, lo scetticismo di Locke verso i principi speculativi innati ha incoraggiato un esame critico delle ipotesi fondative in varie discipline. Questo rigore intellettuale ha favorito un clima di rigorosa indagine e convalida empirica, stimolando i progressi nelle metodologie e nei paradigmi scientifici.

L'impatto di Locke sulle successive teorie epistemologiche si estende al regno dell'etica e della filosofia morale. Sfidando le nozioni preconcette di principi morali innati, il lavoro di Locke ha alimentato discussioni sulle origini della conoscenza morale e del giudizio etico. Questa linea di indagine ha arricchito significativamente il discorso etico e ha generato diversi quadri etici che continuano a plasmare la filosofia morale.

L'assenza di principi pratici innati:

1. Argomenti contro i principi pratici innati:

Il concetto di principi pratici innati è da tempo oggetto di indagine filosofica, che si interseca con varie prospettive storiche e filosofiche. Nel corso della storia del pensiero occidentale, i filosofi si sono confrontati con la questione se i principi morali ed etici siano innati negli esseri umani o acquisiti attraverso l'esperienza e la socializzazione. Questo dibattito risale ai tempi antichi, con pensatori come Platone e Aristotele impegnati in discussioni sulle origini della conoscenza etica. I punti di vista contrastanti di razionalisti ed empiristi illuminano ulteriormente la complessità di questo problema. I razionalisti, esemplificati da filosofi come René Descartes e Gottfried Wilhelm Leibniz, sostengono l'esistenza di verità morali intrinseche accessibili alla ragione umana indipendentemente dall'esperienza sensoriale. Al contrario, empiristi come John Locke e David Hume sottolineano il ruolo dell'esperienza e dell'osservazione nel plasmare la comprensione morale, postulando che i principi pratici derivino dalle nostre interazioni con il mondo esterno.

2. Implicazioni per la filosofia morale e l'etica:

Nel regno della filosofia morale, il rifiuto dei principi pratici innati reindirizza l'attenzione verso influenze esterne come norme sociali, valori culturali ed esperienze individuali nel dare forma a credenze e giudizi morali. Questo cambiamento richiede una rivalutazione delle teorie etiche fondamentali, tra cui deontologia, consequenzialismo ed etica della virtù, nel contesto dell'assenza di innatismo nei principi pratici.

Inoltre, questo esame ci obbliga a considerare il ruolo dell'istruzione, della socializzazione e dell'autonomia personale nella formazione di quadri etici. Induce a un'esplorazione introspettiva su come gli individui acquisiscono capacità di ragionamento morale e coltivano sensibilità etiche senza fare affidamento su presunti principi innati. Le implicazioni si estendono oltre i singoli agenti morali per comprendere considerazioni sociali più ampie, influenzando così le discussioni su leggi, sistemi giudiziari e l'istituzione di standard morali all'interno delle comunità.

L'etica, in particolare, risente dell'impatto di questa rivelazione, poiché i processi decisionali etici sono ora separati dal presupposto di una conoscenza morale intrinseca. Questo allontanamento dai principi innati spinge studiosi e filosofi ad approfondire le questioni dell'agenzia morale e dello sviluppo morale. Inoltre, invita a una comprensione più sfumata del relativismo morale e della diversità culturale, esaminando l'intersezione tra influenza culturale e condotta etica individuale senza lo sfondo di presunte linee guida morali intrinseche.

L'assenza di principi pratici innati richiede anche un discorso arricchito che affronti i dilemmi etici e la responsabilità morale. Senza il ricorso agli istinti o agli imperativi morali preesistenti, l'enfasi viene reindirizzata verso la deliberazione ragionata, l'empatia e il riconoscimento di diverse prospettive etiche. Di conseguenza, il discorso sul processo decisionale morale acquisisce una dimensione multiforme, enfatizzando l'analisi critica, l'empatia e la comprensione contestuale come componenti essenziali nel processo decisionale etico.

Confrontare le ipotesi:

1. Patrimonio intellettuale:
Nel corso della storia, varie tradizioni filosofiche e intellettuali hanno sostenuto l'esistenza di principi innati, affermandone il

ruolo fondamentale nel plasmare la comprensione e la conoscenza umana. Queste tradizioni, che spaziano dalle filosofie platoniche e aristoteliche ai razionalisti del primo periodo moderno, hanno influenzato significativamente il pensiero moderno e continuano a provocare un'indagine critica sulla natura delle idee innate.

Un'esplorazione dettagliata delle prospettive storiche rivela l'impatto delle ipotesi riguardanti la conoscenza innata. Ad esempio, l'antico filosofo greco Platone postulò il concetto di anamnesi, suggerendo che gli esseri umani possiedono una conoscenza preesistente che viene ricordata attraverso l'apprendimento e l'esperienza. Questa nozione gettò le basi per l'idea di idee innate, permeando i successivi discorsi filosofici e fungendo da pietra di paragone per l'indagine dei fondamenti epistemologici.

Inoltre, durante il Rinascimento e l'inizio dell'era moderna, luminari come Cartesio e Leibniz sostennero l'esistenza di principi innati, sostenendo che certe verità sono inerenti alla mente umana, indipendenti dall'esperienza sensoriale. Le loro proposizioni, radicate nella tradizione razionalista, generarono fervidi dibattiti e spinsero a rivalutare la relazione tra idee innate e conoscenza empirica. Queste prospettive divergenti sottolineano l'importanza delle ipotesi sui principi innati, aprendo la strada a discussioni sfumate nel discorso filosofico contemporaneo.

D'altra parte, la tradizione scolastica e la sua enfasi sugli universali e sulle forme essenziali hanno contribuito anche alla longevità delle affermazioni riguardanti i principi innati. Dalla teoria aristotelica dell'intelletto attivo al realismo scolastico, questi quadri concettuali hanno esercitato un'influenza sulla comprensione della conoscenza innata, perpetuando dialoghi sulle origini e la validità delle idee innate nella cognizione umana.

2. Prove empiriche e controargomentazioni alla conoscenza innata:

L'empirismo, come approccio epistemologico, sostiene che la conoscenza trae origine principalmente dall'esperienza sensoriale e dalle osservazioni. Questa prospettiva contesta l'idea che gli individui possiedano conoscenze o idee innate fin dalla nascita. Le prove empiriche supportano la visione secondo cui gli esseri umani acquisiscono conoscenza attraverso l'interazione con il mondo esterno e non attraverso concetti preesistenti. Pensatori illustri come John Locke hanno sottolineato l'importanza della percezione sensoriale nel plasmare la comprensione umana, mettendo così in dubbio il concetto di conoscenza innata.

D'altro canto, la ricerca contemporanea in psicologia cognitiva e neuroscienze fornisce ampie prove della malleabilità del cervello e della sua capacità di adattarsi agli stimoli ambientali, minando ulteriormente la premessa della conoscenza innata. Le controargomentazioni al concetto di conoscenza innata affermano che la diversità delle esperienze umane e dei contesti culturali richiede una comprensione più sfumata della formazione della conoscenza. Si sostiene che la variazione nelle esperienze individuali e nei contesti socioculturali evidenzia l'implausibilità di un insieme uniforme di idee innate condivise da tutti gli esseri umani.

Inoltre, i critici della conoscenza innata sostengono che l'assenza di un accordo universale sui principi fondamentali in diverse società e periodi storici mette in discussione la nozione di conoscenza intrinseca. La natura dinamica della cognizione umana e la variabilità nei quadri concettuali suggeriscono che la formazione della conoscenza è legata alle influenze ambientali piuttosto che essere predeterminata.

Le riflessioni filosofiche sull'acquisizione del linguaggio e sullo sviluppo concettuale supportano l'argomento contro la conoscenza innata. Le teorie propugnate da filosofi e linguisti sottolineano il ruolo delle interazioni linguistiche e sociali nella costruzione di credenze e concetti, confutando così la premessa della conoscenza preesistente. Alla luce di queste scoperte empiriche e controargomentazioni, la presunta esistenza della conoscenza innata si basa su un terreno sempre più instabile, invitando a una rivalutazione convincente delle ipotesi tradizionali sulle origini della comprensione umana.

Capitolo XI
ANALISI DEL LIBRO II – "DELLE IDEE"

Fondamenti filosofici: idee in generale.

1. Definizione del concetto di idee:
Nel corso della storia della filosofia, il concetto di idee è stato oggetto di esame e dibattito. Vari filosofi hanno proposto definizioni diverse, ciascuna delle quali offre intuizioni uniche sulla natura e l'origine delle idee. In questo capitolo, esamineremo le diverse definizioni postulate da pensatori di spicco, con particolare enfasi sull'interpretazione distintiva di John Locke. La concettualizzazione delle idee da parte di Locke non solo ha rivoluzionato il discorso filosofico, ma ha anche gettato le basi per l'empirismo moderno.

Per comprendere l'interpretazione di Locke, è essenziale categorizzare le idee in due tipi fondamentali: semplici e complesse. Le idee semplici derivano direttamente dall'esperienza sensoriale, come la percezione di colori, suoni e sapori. D'altro canto, le idee complesse si formano attraverso la combinazione e l'integrazione di idee semplici, consentendo la concettualizzazione di nozioni astratte come giustizia, bellezza o infinito. Questa distinzione costituisce la pietra angolare della teoria delle idee di Locke e funge da trampolino di lancio per ulteriori esplorazioni delle loro origini e classificazioni.

Approfondendo l'essenza delle idee, incontriamo prospettive divergenti da parte di filosofi rinomati come Platone, Cartesio e Hume. Platone, ad esempio, considerava le idee come entità trascendenti e immutabili, esistenti indipendentemente dal mondo materiale. In netto contrasto, Cartesio considerava le idee come modalità di pensiero inerenti alla mente, che contribuivano alla costruzione razionale della conoscenza.

Inoltre, l'empirismo radicale di Hume affermava che tutte le idee derivano dall'esperienza sensoriale, sfidando fondamentalmente la tradizionale visione razionalista delle idee innate.

Tra questi diversi punti di vista, Locke ha offerto una sintesi rivoluzionaria che chiarisce le idee come prodotti di impressioni e riflessioni sensoriali. Per Locke, la mente è inizialmente una tabula rasa, o tabula rasa, su cui le esperienze sensoriali inscrivono idee semplici. Attraverso l'introspezione, la mente sviluppa quindi idee complesse combinando e manipolando questi elementi fondamentali. L'approccio empirico di Locke sottolinea l'intima connessione tra idee ed esperienza, sostenendo che tutta la conoscenza umana ha origine da incontri percettivi con il mondo esterno.

2. Origini e classificazione delle idee:
Le idee costituiscono il fondamento stesso dell'indagine filosofica, fungendo da mattoni su cui sono costruite tutta la comprensione e la conoscenza umana. Nell'approfondire le origini e la classificazione delle idee, è fondamentale tracciare le radici di queste entità concettuali e comprendere le loro diverse manifestazioni all'interno del regno della cognizione umana. Sorge la domanda fondamentale: da dove emanano queste idee? John Locke, nella sua esplorazione della comprensione umana, postula che tali idee derivano principalmente da due fonti distinte: l'esperienza sensoriale e la riflessione.

La sensazione, secondo Locke, dà origine a idee semplici attraverso la percezione diretta di stimoli esterni, come colori, suoni e consistenze, mentre la riflessione genera idee complesse attraverso la contemplazione introspettiva della mente e la sintesi di varie idee semplici. Questa dicotomia getta le basi per classificare le idee in queste due categorie sovraordinate, chiarendo l'interazione tra impressioni sensoriali e facoltà intellettuali della mente.

Per chiarire ulteriormente questa classificazione, Locke presenta la nozione di qualità primarie e secondarie. Le qualità primarie sono proprietà intrinseche degli oggetti, come estensione, forma e movimento, che generano direttamente esperienze sensoriali che portano a idee semplici. Le qualità secondarie, d'altro canto, sono percezioni soggettive influenzate dall'apparato sensoriale e dalle disposizioni mentali di un osservatore, che danno origine a idee complesse radicate nella riflessione. È essenziale comprendere questo quadro, poiché sostiene l'intero spettro dell'attività cognitiva umana, dal riconoscimento di attributi fisici di base alla contemplazione di concetti metafisici astratti.

Inoltre, addentrarsi nelle dimensioni storiche e culturali della formazione delle idee svela un ricco arazzo del pensiero umano attraverso epoche e civiltà, mostrando la natura adattiva delle idee nell'accogliere diversi paradigmi filosofici. Sia gli antichi filosofi greci che le tradizioni contemplative orientali offrono intuizioni uniche sull'origine e la tassonomia delle idee, gettando le basi per una comprensione completa delle sfaccettature universali della cognizione umana.

Esaminando attentamente queste diverse prospettive, è possibile individuare i fili conduttori che uniscono quadri concettuali eterogenei e apprezzare i modi sfumati in cui le società umane hanno affrontato le perenni questioni che circondano la genesi e la classificazione delle idee.

3. Il ruolo delle idee nel pensiero razionale:
Il pensiero razionale è la pietra angolare dell'indagine e della comprensione umana, fungendo da perno del discorso filosofico. Centrale in questa esplorazione è la relazione tra idee e funzioni cognitive che sostengono la nostra capacità di ragionare e comprendere il mondo che ci circonda. Al centro, il pensiero razionale si basa in gran parte sulla formulazione, analisi e sintesi di idee. È attraverso il mezzo delle idee che

gli individui costruiscono quadri mentali per interpretare le proprie esperienze, concettualizzare nozioni astratte e impegnarsi in deduzioni logiche. Questo ruolo fondamentale delle idee nel pensiero razionale le eleva allo stato di elementi costitutivi fondamentali nell'edificio del ragionamento umano.

Volgendo la nostra attenzione alla lente filosofica attraverso cui Locke esamina il ruolo delle idee nel pensiero razionale, incontriamo una prospettiva sfumata che sottolinea la natura critica di idee chiare e distinte nel promuovere una sana deliberazione razionale. Locke postula che la chiarezza e la coerenza delle idee sono prerequisiti essenziali per un ragionamento convincente, offrendo un argomento convincente per l'indispensabilità di concetti ben definiti nel dare forma a processi di pensiero razionali.

D'altra parte, la classificazione delle idee in categorie semplici e complesse contribuisce all'impalcatura del pensiero razionale fornendo un quadro per organizzare e sintetizzare questi contenuti mentali. Invece di rimanere astrazioni isolate, le idee diventano componenti dinamiche all'interno del meccanismo dell'indagine ragionata, arricchendo la nostra capacità di confrontarci con indagini filosofiche complesse e osservazioni empiriche.

Fondamentalmente, il ruolo delle idee nel pensiero razionale si estende oltre la mera contemplazione, permeando vari aspetti dell'attività intellettuale, dall'indagine scientifica alla deliberazione etica. In questa simbiosi tra idee e pensiero razionale risuona la profondità delle facoltà cognitive umane, come riflesso nella molteplicità e versatilità dei costrutti ideativi che costituiscono il fondamento del discorso razionale.

Idee semplici ed esperienza sensoriale complessa:

1. Classificazione e caratteristiche delle idee semplici:

La nozione di idee semplici funge da pietra angolare per svelare il funzionamento della mente. A differenza delle idee complesse che derivano dalla combinazione e dalla manipolazione di idee semplici, queste unità elementari di pensiero hanno origine direttamente dall'esperienza sensoriale. Sono i mattoni attraverso cui gli individui arrivano a comprendere il mondo che li circonda.

Le idee semplici possiedono una semplicità innata che le distingue dalle loro controparti complesse. Sono di natura elementare, derivanti da input sensoriali diretti senza la necessità di elaborate operazioni cognitive. Questa caratteristica fondamentale consente una distinzione più chiara tra diversi tipi di fenomeni mentali, gettando luce sulla dicotomia tra percezione sensoriale grezza e concettualizzazione di ordine superiore.

Comprendere la natura delle idee semplici svela le fasi primordiali dell'elaborazione mentale, evidenziando il ruolo fondamentale dell'esperienza sensoriale nel plasmare la comprensione umana. Inoltre, il contrasto tra idee semplici e complesse sottolinea l'interazione tra input percettivo ed elaborazione intellettuale, offrendo una prospettiva su come la conoscenza è costruita e sintetizzata all'interno della mente.

2. Input sensoriali: gli elementi costitutivi della percezione.

La comprensione degli input sensoriali come elementi costitutivi della percezione è al centro della comprensione della cognizione umana. Ogni organo di senso, che sia la vista, l'udito, il tatto, l'olfatto o il gusto, funge da passaggio attraverso il quale gli stimoli esterni vengono percepiti e tradotti in segnali neurali. Questi segnali neurali vengono quindi elaborati dal cervello, culminando nella formazione di esperienze percettive.

L'interazione tra gli organi sensoriali e le facoltà cognitive è fondamentale per dare forma alla nostra comprensione del mondo che ci circonda. La vista, ad esempio, implica la ricezione della luce e la sua trasformazione in impulsi elettrici che trasmettono informazioni su colore, forma e movimento. Allo stesso modo, la percezione uditiva si basa sulla rilevazione delle onde sonore, sulla loro conversione in impulsi nervosi e sulla loro interpretazione all'interno del cervello per discernere tono, volume e timbro. Il dominio tattile comprende la ricezione di pressione, temperatura e consistenza che, quando trasdotte in segnali neurali, ci offrono la capacità di percepire gli attributi fisici di oggetti e superfici.

D'altro canto, le sensazioni olfattive e gustative, derivanti da stimoli chimici, ci consentono di discernere una vasta gamma di odori e sapori, arricchendo così i nostri incontri sensoriali con l'ambiente. In questo contesto, la complessità della percezione umana diventa evidente, sottolineando il ruolo svolto dagli input sensoriali nel plasmare le nostre esperienze coscienti.

Comprendere i meccanismi alla base dell'elaborazione delle informazioni sensoriali non solo chiarisce i costituenti fondamentali della percezione, ma svela anche la profondità e l'ampiezza della cognizione umana. In effetti, l'esplorazione degli input sensoriali come elementi fondamentali della percezione funge da porta d'accesso per svelare i misteri della mente e delle sue capacità percettive.

3. Interazione tra sensazione e cognizione nella formazione dell'esperienza:

Come afferma John Locke, la nostra conoscenza ha origine principalmente dalle esperienze sensoriali, ma sono i processi cognitivi a plasmare e raffinare queste sensazioni grezze in percezioni comprensibili. Questa fondamentale interazione tra input sensoriali e facoltà cognitive dimostra la natura della cognizione e della percezione umana. È attraverso questa interazione che arriviamo a comprendere e interpretare il mondo che ci circonda.

Gli input sensoriali servono come stimoli iniziali che innescano i nostri processi cognitivi. La mente umana elabora e interpreta questi input sensoriali attraverso varie funzioni cognitive, come attenzione, memoria e associazione. Questi processi cognitivi svolgono un ruolo cruciale nel trasformare le sensazioni grezze in esperienze significative, plasmando così la nostra comprensione del mondo.

Inoltre, l'interazione tra sensazione e cognizione è evidente anche nel fenomeno dell'adattamento sensoriale e della costanza percettiva. L'adattamento sensoriale si riferisce al processo mediante il quale i nostri recettori sensoriali diventano meno reattivi a stimoli costanti nel tempo. Questo meccanismo adattivo consente alle facoltà cognitive di concentrarsi su stimoli nuovi o mutevoli, dimostrando la relazione dinamica tra sensazione e cognizione nella formazione dell'esperienza. La costanza percettiva, d'altro canto, illustra come i nostri processi cognitivi ci consentono di percepire oggetti in modo coerente nonostante le variazioni nell'input sensoriale. Questo fenomeno sottolinea il ruolo attivo svolto dalla cognizione nel mantenere percezioni stabili e coerenti in mezzo a informazioni sensoriali fluttuanti.

L'interazione tra sensazione e cognizione si estende al regno dell'integrazione multisensoriale, dove il cervello combina input da diverse modalità sensoriali per formare un'esperienza percettiva unificata. Gli studi hanno dimostrato che questa integrazione migliora la nostra percezione e comprensione dell'ambiente, evidenziando il sofisticato coordinamento tra input sensoriali ed elaborazione cognitiva. In conclusione, l'interazione tra sensazione e cognizione è un processo dinamico che sostiene le nostre esperienze e la nostra comprensione del mondo.

La nozione di solidità e le sue implicazioni filosofiche:

1. Solidità: un esame degli attributi fisici e percepiti.

L'indagine filosofica di Locke sul concetto di solidità rivela un esame della natura delle proprietà fisiche e delle loro implicazioni sulla percezione umana. Al centro dell'analisi di Locke si trova la distinzione fondamentale tra qualità primarie e secondarie, che costituisce la base della sua teoria dell'empirismo.

Locke postula che le qualità primarie sono proprietà intrinseche degli oggetti che esistono indipendentemente dalla percezione umana. Queste qualità, come forma, estensione e movimento, sono caratteristiche essenziali della materia che non sono contingenti all'esperienza sensoriale. D'altro canto, le qualità secondarie sono soggettive e derivano dall'interazione tra l'oggetto e i sensi. Queste qualità, tra cui colore, sapore e consistenza, non sono intrinseche all'oggetto ma sono piuttosto prodotte nella mente attraverso la percezione sensoriale.

Attraverso questa distinzione, Locke sottolinea la profondità filosofica delle proprietà fisiche evidenziando la dicotomia tra la realtà oggettiva delle qualità primarie e la natura soggettiva delle qualità secondarie. Questa comprensione sfumata della solidità sfida le nozioni tradizionali di esistenza materiale e apprensione percettiva, offrendo un'esplorazione stimolante dei costituenti fondamentali della nostra esperienza del mondo.

Inoltre, l'esame meticoloso della solidità da parte di Locke chiarisce la relazione tra attributi fisici e cognizione umana. Chiarificando la distinzione tra qualità primarie e secondarie, Locke sottolinea la complessa interazione tra il mondo esterno e la mente, gettando luce su come percepiamo e comprendiamo la solidità degli oggetti. Questo esame della duplice natura delle qualità fornisce una prospettiva avvincente sulle implicazioni filosofiche delle proprietà fisiche, invitando i lettori a contemplare la fusione del materiale e del mentale nella nostra comprensione del mondo.

2. La solidità come chiave di volta nella teoria dell'empirismo di Locke:

La teoria dell'empirismo di John Locke è profondamente radicata nel concetto di esperienza sensoriale come fondamento della conoscenza umana. In 'Saggio sull'intelletto umano', Locke sottolinea l'importanza della solidità come caratteristica fondamentale dei nostri incontri fisici con il mondo.

La solidità, secondo Locke, comprende la natura tangibile e corporea degli oggetti che possono essere percepiti attraverso i sensi. Come pietra angolare nella teoria dell'empirismo di Locke, la nozione di solidità svolge un ruolo fondamentale nel dare forma al suo quadro epistemologico. Locke postula che la nostra comprensione del mondo esterno è costruita attraverso l'interazione delle nostre percezioni sensoriali con le qualità di solidità insite nelle sostanze materiali. Queste qualità contribuiscono alla formazione di idee semplici, che costituiscono i mattoni dei nostri processi cognitivi.

D'altra parte, Locke sostiene che le qualità primarie della solidità, come estensione, figura e mobilità, sono inerenti agli oggetti stessi, indipendenti dalla percezione umana. Questa distinzione tra qualità primarie e secondarie sottolinea il ruolo fondamentale della solidità nel plasmare la nostra comprensione del mondo esterno. L'enfasi di Locke sull'importanza della solidità si allinea con il suo rifiuto delle idee innate e sottolinea il principio empirista secondo cui tutta la conoscenza ha origine dall'esperienza sensoriale.

Il concetto di solidità funge da perno nella confutazione di Locke del dualismo cartesiano e della nozione di conoscenza innata. Fondando la comprensione umana sulle qualità percettibili della solidità, Locke sfida le dottrine razionaliste prevalenti del suo tempo e sostiene un approccio empirico all'epistemologia. La solidità, quindi, rappresenta una pietra angolare nella teoria dell'empirismo di Locke, sostenendo il processo mediante il quale gli individui acquisiscono conoscenza attraverso interazioni sensoriali con il mondo esterno. Nell'illustrare la relazione tra solidità e cognizione umana, Locke costruisce un argomento convincente per il primato dell'esperienza sensoriale nel plasmare la nostra comprensione della realtà.

Idee multisensoriali e integrazione della mente:

1. Quadro concettuale dell'integrazione multisensoriale:
Il quadro concettuale dell'integrazione multisensoriale approfondisce le prospettive storiche e filosofiche che illuminano il modo in cui vari sensi contribuiscono in modo collaborativo alla formazione di un'idea unificata. Dalle antiche indagini filosofiche alla ricerca neuroscientifica contemporanea, la nozione di integrazione multisensoriale è stata un argomento di interesse. I primi filosofi greci come Democrito e Aristotele hanno contemplato la complessa interazione tra modalità sensoriali, fornendo intuizioni fondamentali che hanno riverberato attraverso i secoli. Le loro riflessioni hanno gettato le basi per comprendere come la mente amalgami input sensoriali disparati per costruire una percezione coesa della realtà. L'elucidazione di diverse prospettive storiche svela il fascino per i meccanismi alla base dell'integrazione multisensoriale.

Nel regno della filosofia, l'interconnessione delle esperienze sensoriali ha affascinato luminari come John Locke e Immanuel Kant, che hanno esaminato la natura della sintesi percettiva e il suo ruolo nel plasmare la comprensione umana. I loro trattati hanno fatto progredire il dialogo sull'integrazione multisensoriale, gettando i semi per una rigorosa contemplazione filosofica.

Contemporaneamente, la moderna scienza cognitiva ha spinto l'indagine sull'integrazione multisensoriale a livelli senza precedenti, impiegando metodi empirici per sondare i substrati neurologici che sono alla base della convergenza delle informazioni sensoriali. Gli studi in questo dominio hanno svelato la straordinaria capacità del cervello di riconciliare input sensoriali divergenti, facendo luce sull'orchestrazione dei processi neurali implicati nell'integrazione degli stimoli multisensoriali. Questo ricco arazzo di prospettive storiche e filosofiche funge da sfondo avvincente per esplorare il terreno sfaccettato dell'integrazione multisensoriale, offrendo una visione panoramica di come la convergenza delle modalità sensoriali generi un paesaggio percettivo complesso e unificato.

2. Sintesi cognitiva degli input sensoriali:

Quando la mente incontra una miriade di stimoli sensoriali dall'ambiente esterno, si impegna in un sofisticato processo di integrazione, combinando e riconciliando i diversi flussi di informazioni ricevuti tramite vista, udito, tatto, gusto e olfatto. Questa sintesi cognitiva rappresenta un'impresa notevole di acutezza mentale, consentendo agli individui di costruire una rappresentazione coerente e completa del mondo circostante. Al centro di questa sintesi cognitiva si trovano i meccanismi di percezione, attenzione e memoria, che collaborano collettivamente per unificare fonti disparate di dati sensoriali in un'esperienza percettiva unificata. Attraverso il coordinamento senza soluzione di continuità di queste funzioni cognitive, la mente non solo elabora i singoli input sensoriali, ma li sintetizza anche in una comprensione olistica dell'ambiente.

Inoltre, la sintesi cognitiva non è semplicemente limitata alla ricezione passiva di informazioni sensoriali; piuttosto, implica un coinvolgimento attivo e dinamico con gli input, poiché la mente affina e organizza continuamente i dati in arrivo per generare rappresentazioni significative. La sintesi cognitiva degli input sensoriali è un aspetto fondamentale della cognizione umana, che funge da fondamento per processi cognitivi di ordine superiore come l'apprendimento, il processo decisionale e la risoluzione dei problemi.

3. Implicazioni filosofiche della percezione integrata:
Una delle implicazioni filosofiche più importanti risiede nel modo in cui rimodella il dualismo cartesiano tra mente e corpo. Chiarificando come gli input sensoriali vengono sintetizzati e unificati all'interno dell'apparato cognitivo, la percezione integrata dissolve il confine artificiale tradizionalmente tracciato tra i domini mentale e fisico. Questa dissoluzione svela l'inseparabilità delle esperienze percettive dai processi cognitivi che le producono, alterando fondamentalmente la nostra comprensione della relazione mente-corpo.

Inoltre, le implicazioni filosofiche della percezione integrata si estendono ai regni dell'ontologia e dell'epistemologia. L'integrazione di input multisensoriali non solo evidenzia l'interazione tra modalità sensoriali, ma spinge anche a riconsiderare la natura stessa della realtà. Introduce un punto di vista in cui la realtà non è semplicemente una raccolta di impressioni sensoriali discrete, ma un'amalgama coesa plasmata dalla capacità integrativa della mente. Questa evoluzione epistemica apre la strada a una comprensione più sfumata della conoscenza empirica, sottolineando il ruolo attivo della mente nel plasmare e interpretare la realtà.

La percezione integrata solleva indagini filosofiche sulla natura della coscienza e dell'esperienza soggettiva. Riconoscendo l'orchestrazione dei dati sensoriali e la loro integrazione in un campo percettivo unificato, questo concetto spinge a esaminare i meccanismi sottostanti che governano la consapevolezza cosciente. Stimola la contemplazione sulla costruzione del sé e la coalescenza di diversi input sensoriali per formare un continuum esperienziale coerente. Tali contemplazioni si addentrano nel cuore dell'indagine fenomenologica, edificando la nostra comprensione delle realtà soggettive e del tessuto cosciente dell'esistenza umana.

Intreccio tra sensazione e riflessione nella formazione dell'idea:

1. Interazione tra sensazione e riflessione:
Come afferma John Locke, la mente è inizialmente dotata di idee semplici generate da sensazioni esterne come la vista, il tatto, il gusto, l'olfatto e il suono. Queste sensazioni sono le materie prime da cui vengono derivate idee complesse attraverso i processi cognitivi di riflessione e ragionamento.

L'amalgama di input sensoriali e contemplazione riflessiva porta alla sintesi di idee sfaccettate che costituiscono il fondamento della cognizione e della comprensione umana. Le intuizioni di Locke ci spingono ad approfondire i meccanismi attraverso cui le percezioni sensoriali stimolano la mente a riflettere e a costruire elaborate rappresentazioni mentali. Attraverso questa esplorazione, otteniamo una comprensione più ricca di come la mente umana assorbe, elabora e trasforma i dati sensoriali in concetti coerenti e significativi.

Inoltre, mentre approfondiamo la delineazione di sensazione e riflessione, diventa evidente che le esperienze e le interpretazioni di ogni individuo svolgono un ruolo cruciale nel plasmare il suo quadro cognitivo unico. Il modo in cui gli stimoli sensoriali esterni vengono percepiti, filtrati e interpretati varia significativamente tra gli individui, a causa di diversi fattori psicologici, emotivi e culturali. Ciò enfatizza l'aspetto profondamente personale della formazione delle idee e sottolinea l'influenza dei processi riflessivi interni sull'assimilazione e l'elaborazione delle esperienze sensoriali.

L'interazione dinamica tra sensazione e riflessione getta luce sui processi sfumati attraverso cui la mente avanza tra il mondo esterno e il suo regno interno. Sottolinea la straordinaria capacità della mente di decostruire, esaminare e ricostruire i dati sensoriali attraverso l'analisi riflessiva, con conseguente formazione di idee astratte.

2. Meccanismi di sintesi delle idee attraverso processi sensoriali e riflessivi:

L'integrazione della percezione sensoriale e del pensiero riflessivo costituisce il fondamento della sintesi delle idee. Nel suo nucleo, questa fusione rappresenta un'interazione dinamica in cui gli stimoli sensoriali suscitano percezioni grezze che vengono successivamente raffinate attraverso l'introspezione e la contemplazione. Le facoltà sensoriali, che agiscono come canali per gli stimoli esterni, avviano il processo trasmettendo dati fondamentali alla mente. Successivamente, le facoltà riflessive si impegnano in un'analisi sofisticata di questi input, esaminando e interpretando le informazioni sensoriali per distillare schemi e associazioni significativi. Questo intreccio di sensazione e riflessione ci conferisce la capacità di trascendere le semplici osservazioni empiriche, consentendo la formulazione di concetti e teorie astratte fondate sulla nostra realtà esperienziale.

I meccanismi che governano questa sintesi sono multiformi e comprendono uno spettro di dimensioni neurologiche, psicologiche e filosofiche. Neurologicamente, le cortecce sensoriali del cervello svolgono un ruolo fondamentale nell'elaborazione percettiva iniziale, codificando gli stimoli in arrivo in rappresentazioni neurali che servono come elementi costitutivi per le successive operazioni cognitive. Queste impressioni sensoriali vengono quindi incanalate in aree di associazione di ordine superiore in cui entra in gioco la cognizione riflessiva, facilitando l'estrazione di principi sottostanti e la costruzione di quadri mentali più complessi.

Psicologicamente, la sintesi di idee attraverso processi sensoriali e riflessivi illumina la danza tra la mente conscia e quella inconscia. Mentre l'input sensoriale avviene a un livello viscerale e immediato, è l'intercessione dell'analisi riflessiva che svela la profondità latente in queste sensazioni. Attraverso l'introspezione, gli individui discernono sfumature e intuizioni nascoste, sfruttando queste intuizioni per nutrire la germinazione di nuove idee. Questo dialogo interiore tra sensazione e riflessione esemplifica la continua negoziazione tra dati empirici e ragionamento astratto, sottolineando la sintesi di concezioni coerenti e perspicaci.

Filosoficamente, la confluenza di processi sensoriali e riflessivi genera una rivalutazione della natura della conoscenza e della verità. L'integrazione senza soluzione di continuità di esperienze sensoriali con deliberazione razionale genera un approccio olistico alla comprensione, mettendo in primo piano la relazione intrecciata tra evidenza empirica e interpretazione ragionata. Questa fusione epistemica supera la tradizionale dicotomia tra empirismo e razionalismo, sostenendo un'unità simbiotica che armonizza l'immediatezza percettiva con l'esame intellettuale.

3. Implicazioni dell'integrazione sensoriale-riflessiva sulla comprensione concettuale:
L'integrazione dei processi sensoriali e riflessivi nella formazione delle idee produce implicazioni per la nostra comprensione concettuale. Sintetizzando le informazioni raccolte dalle esperienze sensoriali con l'atto introspettivo della riflessione, gli individui costruiscono un quadro completo attraverso il quale comprendono e interagiscono con l'ambiente circostante. Al centro di questa interazione si trova la generazione di idee complesse che sono essenziali per il nostro sviluppo

cognitivo. Attraverso questa amalgama, gli individui non solo percepiscono il mondo esterno, ma gli danno anche un senso entro i confini del loro panorama cognitivo interno. Questa assimilazione non solo arricchisce le nostre capacità percettive, ma affina anche le nostre capacità di ragionare e trarre conclusioni.

Inoltre, la fusione di dati sensoriali con analisi riflessiva funge da pietra angolare per la formazione di concetti astratti. Intrecciando le impressioni grezze raccolte attraverso incontri sensoriali con l'elaborazione cognitiva facilitata dalla riflessione, gli individui trascendono la mera percezione per addentrarsi nel regno dell'astrazione. Così facendo, attraversano oltre l'immediato e il tangibile, addentrandosi nelle profondità del pensiero per dissotterrare idee sfaccettate con una vasta rilevanza.

D'altra parte, l'intreccio armonioso di sensazione e riflessione apre la strada a una maggiore consapevolezza di sé e comprensione. Man mano che gli individui avanzano attraverso le loro esperienze sensoriali e le distillano attraverso la lente dell'introspezione, acquisiscono intuizioni sui propri processi cognitivi e pregiudizi percettivi. Questa maggiore consapevolezza di sé genera una comprensione più profonda delle proprie operazioni mentali, contribuendo alla crescita personale e allo sviluppo introspettivo.

Il processo integrativo di sintesi sensoriale-riflessiva rafforza il pensiero critico e le capacità di problem-solving. Quando gli individui uniscono sistematicamente l'input sensoriale con l'esame riflessivo, coltivano un approccio analitico che è determinante nel decifrare le complessità e districare i fenomeni. Questa modalità di pensiero promuove l'agilità intellettuale e fornisce agli individui la capacità di confrontarsi con sfide multiformi, favorendo così un repertorio cognitivo più perspicace e perspicace.

Percezione: porta di accesso alla conoscenza.

1. Percezione nel contesto della comprensione umana:

La natura multiforme della percezione ha affascinato filosofi e pensatori nel corso dei secoli, dando origine a varie interpretazioni e comprensioni. Le analisi storiche della percezione svelano la sua evoluzione dalle antiche filosofie greche alle moderne teorie psicologiche, attribuendo un peso significativo alla sua influenza sulla cognizione e la comprensione umana. Queste indagini forniscono un ricco sfondo per comprendere la rappresentazione della percezione di Locke, posizionandola come la porta attraverso cui gli individui interagiscono con il mondo esterno, costruiscono idee e coltivano la conoscenza.

La spiegazione di Locke sulla percezione si intreccia con la sua epistemologia empirica, sottolineando la connessione intrinseca tra esperienze sensoriali e formazione di idee complesse. Egli postula che la mente agisce come una tela recettiva, dove le impressioni sensoriali vengono impresse, interpretate e trasformate in percezioni significative. Attraverso questa lente, la percezione nel quadro di Locke trascende la mera osservazione; diventa un processo cognitivo integrale per dare forma alla propria comprensione del mondo.

Inoltre, le interpretazioni contemporanee della percezione integrano intuizioni provenienti dalla neuroscienza e dalla psicologia cognitiva, offrendo una comprensione arricchita dei suoi fondamenti meccanicistici. La ricerca neuroscientifica sottolinea il ruolo della percezione sensoriale come meccanismo fondamentale attraverso il quale il cervello codifica e organizza gli stimoli sensoriali, fornendo una base essenziale per le funzioni cognitive di ordine superiore. Inoltre, lo studio della percezione nella psicologia cognitiva illumina l'interazione dinamica tra input sensoriali bottom-up e processi cognitivi top-down nel dare forma alle esperienze percettive, allineandosi con l'enfasi di Locke sulla natura interattiva della percezione e della cognizione.

2. Il ruolo della percezione nell'acquisizione e nella strutturazione della conoscenza:

La percezione svolge un ruolo fondamentale nell'acquisizione e nell'organizzazione della conoscenza all'interno della mente umana. Funge da canale attraverso cui gli stimoli sensoriali vengono filtrati, elaborati e infine assimilati nel quadro della comprensione. La complessa interazione di percezione sensoriale, interpretazione cognitiva e categorizzazione esperienziale costituisce il fondamento della cognizione umana. Attraverso meccanismi percettivi, gli individui estraggono informazioni significative dal loro ambiente, interpretano i dati sensoriali e costruiscono rappresentazioni mentali che contribuiscono alla formazione della conoscenza.

La percezione agisce come un ponte fondamentale tra stimoli esterni e concettualizzazione interna, consentendo agli individui di interagire e dare un senso al mondo che li circonda. Funge da fondamento su cui si costruisce l'apprendimento esperienziale, consentendo l'elaborazione di input sensoriali, la differenziazione tra stimoli e la costruzione di modelli mentali coerenti. Impegnandosi attivamente nei processi di percezione, gli individui sono in grado di discernere schemi, discernere causalità e stabilire correlazioni essenziali per comprendere il mondo circostante.

D'altro canto, il ruolo della percezione si estende oltre la semplice ricezione sensoriale, comprendendo l'integrazione delle esperienze percettive con i quadri cognitivi esistenti. Questo processo integrativo accresce la profondità e l'ampiezza della conoscenza favorendo connessioni tra le informazioni appena acquisite e i costrutti mentali preesistenti. Attraverso questa assimilazione, la percezione facilita la strutturazione e il perfezionamento della comprensione, portando alla formulazione di modelli cognitivi più sfumati e completi.

Inoltre, il funzionamento della percezione nell'acquisizione della conoscenza richiede un'esplorazione della sua intrinseca soggettività e suscettibilità all'influenza. Quando gli individui si impegnano con stimoli percettivi, interpretazioni soggettive e pregiudizi inevitabilmente modellano la costruzione della conoscenza. Il riconoscimento consapevole di questi vincoli percettivi è fondamentale per valutare criticamente l'accuratezza e l'affidabilità della conoscenza acquisita, stimolando così il discernimento e facilitando una comprensione più sfumata del mondo.

3. Limiti e capacità della percezione:
La percezione, in quanto aspetto fondamentale della cognizione umana, funge da porta d'accesso alla nostra comprensione del mondo. Tuttavia, nonostante il suo ruolo centrale nel plasmare le nostre esperienze e conoscenze, la percezione non è infallibile.

In sostanza, la percezione è soggetta a varie limitazioni che ne ostacolano la capacità di fornire una rappresentazione completamente accurata della realtà. Una limitazione significativa è l'impatto delle differenze individuali sulla percezione. Le capacità sensoriali uniche di ogni persona, i processi cognitivi e le esperienze passate plasmano il modo in cui percepisce il mondo che la circonda. Di conseguenza, due individui possono interpretare lo stesso stimolo in modo diverso, portando a variazioni soggettive nelle loro percezioni. Inoltre, i pregiudizi percettivi, influenzati da fattori culturali, sociali e psicologici, contribuiscono ulteriormente alla distorsione della realtà nel processo percettivo.

Inoltre, la percezione opera entro limiti biologici definiti. Gli organi sensoriali, pur essendo notevolmente abili nel rilevare gli stimoli, possiedono soglie specifiche oltre le quali non sono in grado di percepire le informazioni in arrivo. Ad esempio, la limitata sensibilità dell'occhio umano a determinate lunghezze d'onda limita la percezione della radiazione elettromagnetica oltre lo spettro visibile. Analogamente, il sistema uditivo è limitato dalla sua incapacità di rilevare vibrazioni sonore che esulano dalla gamma udibile. Queste limitazioni biologiche determinano un'interpretazione incompleta e intrinsecamente selettiva dell'ambiente esterno.

Nonostante queste limitazioni, la percezione dimostra anche notevoli capacità che influenzano l'acquisizione della conoscenza umana. Attraverso l'elaborazione percettiva, gli individui possono discernere modelli, relazioni e configurazioni significative all'interno dell'ambiente. Questa capacità di percepire strutture significative facilita la categorizzazione e l'organizzazione dell'input sensoriale, consentendo agli individui di dare un senso all'ambiente circostante. Inoltre, la percezione svolge un ruolo cruciale nell'identificazione delle informazioni salienti, aiutando nella definizione delle priorità degli stimoli rilevanti in mezzo a una moltitudine di input sensoriali.

Inoltre, la percezione funge da fondamento per processi cognitivi superiori come il ragionamento e la risoluzione dei problemi. Le informazioni ottenute tramite la percezione costituiscono la base per operazioni cognitive complesse, consentendo agli individui di analizzare e trarre inferenze sull'ambiente circostante. Inoltre, la percezione contribuisce alla formazione di rappresentazioni mentali che sostengono la memoria e il recupero di esperienze passate, influenzando successivamente la costruzione complessiva della base di conoscenza di un individuo.

Ritenzione, memoria e persistenza delle idee:

1. Meccanismi della memoria: codifica e recupero.

La memoria, sia la codifica che il recupero, coinvolge processi neurologici e cognitivi. Il processo di codifica inizia con l'acquisizione di informazioni tramite la percezione sensoriale, in cui gli stimoli esterni vengono elaborati dal cervello e trasformati in codici neurali. Questi codici vengono quindi immagazzinati in diverse aree del cervello, come l'ippocampo e la corteccia cerebrale. Segue la fase di consolidamento; durante questa fase, la memoria appena acquisita viene rafforzata e trasformata in una forma più stabile e a lungo termine.

Al contrario, il processo di recupero include l'attivazione di queste memorie codificate e il loro richiamo per l'utilizzo. Questo meccanismo complesso coinvolge l'interazione di varie regioni cerebrali, come la corteccia prefrontale e la corteccia parietale, che lavorano in sinergia per recuperare informazioni specifiche dal vasto serbatoio di memorie codificate.

Neurologicamente, il processo di codifica si basa sulla plasticità sinaptica, la capacità delle sinapsi di rafforzarsi o indebolirsi nel tempo, portando ad alterazioni nella trasmissione dei segnali neurali. Al contrario, il recupero della memoria comporta la riattivazione degli stessi percorsi neurali che erano stati attivati durante la codifica, consentendo il richiamo accurato delle informazioni memorizzate.

Inoltre, i processi di codifica e recupero sono anche influenzati da fattori cognitivi. L'efficacia della codifica della memoria può essere migliorata tramite attenzione focalizzata e prove, che facilitano la formazione di tracce di memoria robuste. Allo stesso modo, il recupero di successo dipende da segnali e contesto, poiché aiutano nella riattivazione delle reti di memoria associate.

2. Il ruolo della ritenzione nella continuità cognitiva:
Come chiarisce John Locke in "Saggio sull'intelletto umano", la capacità di conservare e richiamare informazioni è

fondamentale per l'essenza della cognizione umana. Al centro, la conservazione implica l'immagazzinamento e il ricordo di esperienze passate, percezioni e costrutti intellettuali. Il processo di conservazione comprende non solo la codifica iniziale delle informazioni, ma anche il successivo recupero quando necessario. Questa duplice funzione denota l'interazione dinamica tra la formazione della memoria e la capacità di accedere alla conoscenza immagazzinata nei momenti appropriati.

D'altra parte, il ruolo della ritenzione si estende oltre la mera conservazione per comprendere l'integrazione di idee passate con cognizioni presenti. Funge da pietra angolare per la costruzione di un paesaggio mentale coeso in cui nuovi concetti si intrecciano con comprensioni precedenti. Senza la capacità di trattenere e recuperare idee, la progressione e l'evoluzione del pensiero sarebbero stentate, inibendo lo sviluppo di quadri intellettuali più complessi.

Il concetto di continuità cognitiva è legato all'efficacia della ritenzione. Mentre la mente si sforza di dare un senso al mondo, la natura delle idee ritenute fornisce una base fondamentale per comprendere nuove informazioni. L'amalgama senza soluzione di continuità di concetti passati e presenti facilita una comprensione olistica dell'interconnessione della conoscenza, rafforzando così la continuità dei processi cognitivi.

3. Come le idee persistono nel tempo:
Locke postula che le nostre menti conservano impressioni di esperienze sensoriali, che costituiscono la base della nostra comprensione del mondo. Queste impressioni servono come elementi costitutivi della conoscenza e svolgono un ruolo cruciale nel plasmare la nostra percezione della realtà. L'esplorazione di questo concetto da parte di Locke spinge a

un'indagine più approfondita sui meccanismi che sostengono la continuità delle idee all'interno della mente.

Un aspetto chiave che contribuisce alla natura delle idee è la loro integrazione in quadri di comprensione più ampi. Quando gli individui incontrano nuove esperienze e acquisiscono nuove conoscenze, le idee esistenti nelle loro menti subiscono un processo di assimilazione e adattamento. Questa continua interazione tra idee passate e presenti facilita la persistenza dei concetti in contesti e orizzonti temporali diversi.

Inoltre, la capacità di astrazione e generalizzazione consente a certe idee di trascendere istanze specifiche e di perdurare come principi sovraordinati. Attraverso l'atto della concettualizzazione, gli esseri umani distillano modelli ricorrenti dalle loro esperienze, consentendo a queste idee astratte di mantenere rilevanza e applicabilità nel tempo.

D'altra parte, l'impatto dei fattori culturali, storici e sociali sulla perpetuazione delle idee non può essere trascurato. Le idee, una volta radicate nella coscienza collettiva di una società, possiedono il potenziale per durare attraverso le generazioni. La trasmissione delle idee attraverso pratiche culturali, tradizioni ed educazione assicura la loro longevità e la loro continua rilevanza nel plasmare il pensiero e il comportamento umano.

La resilienza di certe idee può essere attribuita alla loro associazione con eventi o esperienze emotivamente significativi. La memoria umana ha una tendenza intrinseca a preservare e dare priorità a eventi di impatto, ancorando così saldamente le idee associate nei recessi della mente. La natura di queste idee cariche di emozioni plasma le prospettive individuali e influenza i processi decisionali, esercitando così un'influenza duratura sulla cognizione umana.

Discernimento:

1. Il discernimento nella filosofia di Locke:

Il concetto di discernimento, o la capacità di percepire e comprendere, era stato un punto focale all'inizio dell'era moderna, in particolare all'indomani del Rinascimento e dell'Illuminismo. Filosofi come Cartesio e Spinoza avevano gettato le basi per discussioni sulla natura del discernimento, alle prese con indagini sulla capacità della mente umana di differenziare, valutare e, in ultima analisi, comprendere il mondo. Il posizionamento di Locke all'interno di questo panorama intellettuale è cruciale per discernere l'evoluzione e il perfezionamento del concetto. Locke, basandosi sulle fondamenta gettate dai suoi predecessori, cercò di inquadrare il discernimento all'interno della cornice della sua filosofia empirista, ponendo l'accento sul ruolo dell'esperienza sensoriale nel plasmare la comprensione umana.

Inoltre, le proposizioni di Locke si concentravano sull'idea che il discernimento non fosse innato, ma piuttosto sviluppato attraverso l'esposizione a stimoli esterni, che portavano alla formazione di idee e conoscenze complesse. Questo allontanamento dalle nozioni prevalenti di conoscenza innata prevalenti nella tradizione razionalista fu rivoluzionario, poiché il discorso di Locke sul discernimento ampliò la portata dell'indagine filosofica, elevando la percezione sensoriale a componente fondamentale nell'acquisizione della conoscenza. Sia i critici che i sostenitori si impegnarono in un acceso dibattito sulla concettualizzazione del discernimento da parte di Locke, innescando una rivalutazione del dogma filosofico tradizionale.

2. Discernimento e il suo ruolo nella comprensione:

Il discernimento, come esposto da Locke, riguarda la capacità cognitiva di distinguere, comprendere e giudicare le idee. Questo processo cognitivo è parte integrante dell'acquisizione e dell'interpretazione della conoscenza, svolgendo un ruolo fondamentale nel plasmare il tessuto stesso della comprensione umana.

L'analisi critica del discernimento richiede un'esplorazione completa della sua rilevanza nel discernere la natura e l'origine delle idee, gettando così luce sui meccanismi attraverso i quali gli esseri umani giungono ad afferrare le loro percezioni e concezioni del mondo. Locke sostiene che il discernimento funge da pietra angolare dell'indagine razionale, consentendo agli individui di distinguere tra idee semplici e complesse, gettando così le basi per la formazione di strutture di conoscenza coerenti e significative.

Inoltre, l'analisi critica dovrebbe includere un esame della misura in cui il discernimento influenza la formazione di concetti astratti e il suo impatto su varie attività intellettuali come la scienza, la metafisica e l'etica. Approfondendo la relazione tra discernimento e deliberazione razionale, questa analisi dovrebbe chiarire come il discernimento guidi la mente umana nel valutare la veridicità, la coerenza e la coerenza logica delle idee, plasmando così i contorni del discorso filosofico e dell'indagine scientifica.

D'altro canto, un'esplorazione del ruolo del discernimento nell'affinare ed espandere i processi di pensiero umano attraverso diverse epoche della storia intellettuale arricchirebbe l'analisi critica. Ciò implica la comprensione di come il discernimento operi come meccanismo sottostante per sfidare e rivedere le idee prevalenti, promuovere il progresso intellettuale e perpetuare l'evoluzione della comprensione umana.

L'analisi critica dovrebbe infine sottolineare l'importanza del discernimento nell'illuminare i percorsi epistemologici che conducono a intuizioni, scoperte e cambiamenti di paradigma nel campo della cognizione umana e della costruzione della conoscenza, riconoscendone al contempo i potenziali limiti e le ambiguità nella ricerca della certezza assoluta.

Idee complesse – I mattoni della conoscenza:

1. Fondamenti di idee complesse:
Locke postula che le idee complesse derivano da idee semplici e si formano attraverso i processi mentali di combinazione, confronto e astrazione. A differenza delle idee semplici, che rappresentano direttamente percezioni di singole qualità sensoriali, le idee complesse derivano dalla composizione di più idee semplici. Questo processo consente la formazione di idee che rappresentano relazioni, sostanze e concetti astratti. Inoltre, le idee complesse spesso servono come mattoni su cui si costruiscono la conoscenza e la comprensione umana. Analizzando le idee complesse, otteniamo informazioni sui meccanismi cognitivi attraverso i quali gli esseri umani assimilano e comprendono il mondo che li circonda.

2. Categorizzazione e interrelazione dei concetti:
La categorizzazione funge da processo cognitivo fondamentale attraverso il quale gli individui organizzano le informazioni in cluster significativi basati su somiglianze e differenze. Questo meccanismo cognitivo consente la formazione di categorie mentali che facilitano l'elaborazione e l'archiviazione efficienti della conoscenza. Inoltre, l'interrelazione dei concetti consente la creazione di reti di idee, contribuendo all'interconnessione dei domini della conoscenza.

Nell'ambito della filosofia, il concetto di universali e particolari è da tempo oggetto di dibattito. Il processo di categorizzazione implica l'identificazione e la classificazione di universali (principi generali o qualità che sono caratteristiche di più istanze) e particolari (entità individuali specifiche che esemplificano tali qualità). Discernendo queste categorie, gli individui possono analizzare e comprendere le strutture e le relazioni sottostanti che governano diversi fenomeni.

Inoltre, l'interrelazione dei concetti si estende oltre la mera categorizzazione, comprendendo la rete di associazioni e connessioni tra idee diverse. Questa interconnessione contribuisce alla natura olistica della conoscenza e sottolinea le interazioni interdisciplinari insite nelle attività intellettuali. Ad esempio, l'interrelazione dei concetti filosofici con i principi scientifici dimostra la fusione di diversi domini per arricchire la comprensione di fenomeni complessi.

Comprendere l'interazione tra vari concetti favorisce una comprensione completa del tessuto sottostante della realtà. Consente agli individui di apprezzare le interdipendenze sfumate tra le discipline e coltiva una prospettiva multidimensionale essenziale per affrontare le sfide contemporanee. Inoltre, riconoscere la natura interconnessa dei concetti facilita la sintesi di idee diverse, alimentando creatività e innovazione.

La categorizzazione e l'interrelazione dei concetti non solo modellano i nostri quadri cognitivi, ma hanno anche implicazioni pratiche in diversi campi. Nella ricerca scientifica, la capacità di categorizzare e interrelare idee complesse costituisce la base della formulazione di ipotesi e dello sviluppo di teorie. Allo stesso modo, nel dominio dell'istruzione, gli insegnanti impiegano strategie per facilitare la categorizzazione e l'interrelazione dei concetti per migliorare le esperienze di apprendimento degli studenti.

Lo spazio e le sue modalità semplici:

1. Spazio: Prospettive fondamentali:
Lo spazio, un concetto antico quanto la contemplazione umana, ha affascinato le menti di filosofi e studiosi in una moltitudine di contesti culturali e storici. Nell'esplorare le

definizioni di spazio, è evidente che il concetto è stato soggetto a diverse interpretazioni nel corso della storia. Dall'antica comprensione greca dello spazio come vuoto sconfinato, alla concezione aristotelica dello spazio come limite o confine di ciò che contiene i corpi, e alla visione cartesiana dello spazio come estensione, l'evoluzione del pensiero filosofico ha continuamente plasmato la percezione dello spazio.

Le prospettive contrastanti di questi primi filosofi hanno gettato le basi per le discussioni contemporanee sulla natura e l'essenza dello spazio. Contemporaneamente, nei tempi moderni, l'avvento dei progressi scientifici e tecnologici ha diversificato la concettualizzazione dello spazio, comprendendo nozioni di spaziotempo nel regno della fisica e l'interpretazione psicologica dello spazio mentale e della cognizione spaziale. Inoltre, i dibattiti che circondano lo spazio assoluto rispetto a quello relativo, come proposto da Newton e in seguito perfezionato dalla teoria della relatività generale di Einstein, hanno ulteriormente perpetuato il discorso sulla natura delle dimensioni spaziali.

In varie tradizioni filosofiche, il trattamento dello spazio come entità astratta indipendente dai corpi materiali o come concetto relazionale intrecciato con il mondo fisico ha alimentato indagini intellettuali sulle proprietà e le caratteristiche fondamentali dello spazio. Dall'idealismo di Berkeley all'idealismo trascendentale di Kant, queste prospettive divergenti hanno generato riflessioni sull'ontologia dello spazio e sul suo ruolo nel plasmare la coscienza umana.

Inoltre, le tradizioni filosofiche orientali, come il concetto di "akasha" nella cosmologia indù o la nozione di "ku" nella filosofia cinese, offrono rappresentazioni uniche dello spazio come elemento metafisico intriso di significato spirituale e cosmologico.

2. Semplici modalità dello spazio: dimensioni ed estensioni

Lo spazio, come concetto complesso e intrigante, comprende varie dimensioni che forniscono le basi per la nostra percezione e comprensione del mondo fisico. Per comprendere la natura dello spazio, bisogna considerare le molteplici dimensioni che contribuiscono alla sua esistenza. Dall'aspetto tridimensionale che struttura la nostra realtà quotidiana all'esplorazione teorica di dimensioni superiori in fisica e matematica, l'analisi delle dimensioni è fondamentale per svelare l'enigma dello spazio.

Inoltre, il concetto di estensioni nello spazio chiarisce il modo in cui lo spazio si manifesta e interagisce con gli oggetti o le entità al suo interno. L'estensione dello spazio influenza le relazioni spaziali tra gli oggetti, modellando le loro posizioni e interazioni relative.

Un'analisi approfondita delle estensioni porta all'esplorazione di concetti quali prossimità, confini e continuità spaziale. Esaminando attentamente le modalità semplici dello spazio, in particolare dimensioni ed estensioni, miriamo a promuovere una consapevolezza più profonda delle complessità inerenti alle percezioni spaziali e all'impatto che esercitano sui nostri processi cognitivi e sulle nostre riflessioni filosofiche.

3. Lo spazio come costrutto cognitivo.

Lo spazio, come componente fondamentale della comprensione e della percezione umana, è da tempo un argomento di ricerca filosofica. Nel contesto dell'esplorazione di Locke delle modalità semplici, la considerazione dello spazio assume importanza. Le implicazioni dello spazio come costrutto cognitivo si estendono oltre i regni della metafisica e dell'epistemologia, approfondendo la natura stessa della coscienza umana e la sua interazione con il mondo esterno.

Al centro di questa discussione c'è la questione di come comprendiamo e interpretiamo il concetto di spazio. I filosofi si sono confrontati con questo problema per secoli, cercando di svelare la relazione tra le nostre rappresentazioni mentali dello spazio e la realtà oggettiva delle dimensioni spaziali. Una prospettiva prevalente postula che lo spazio non è una caratteristica intrinseca del mondo esterno, ma piuttosto una struttura attraverso la quale organizziamo e diamo un senso alle nostre esperienze sensoriali. Questa visione sfida le nozioni tradizionali dello spazio come entità assoluta e indipendente e spinge a rivalutare la nostra comprensione della realtà.

Il concetto di spazio come costrutto cognitivo solleva questioni ontologiche riguardanti la natura dell'esistenza e il confine tra percezione soggettiva e verità oggettiva. Riconoscendo il ruolo della mente nel plasmare la nostra concezione dello spazio, ci confrontiamo con gli elementi soggettivi inerenti alla nostra interpretazione del mondo. Questo riconoscimento ci obbliga a considerare la misura in cui le nostre percezioni sono influenzate da strutture cognitive e pregiudizi interni, spingendo all'introspezione nella natura della conoscenza umana e nei suoi limiti.

Durata – La continuità dell'esistenza:

1. Fondamenti concettuali:
La durata, nel quadro dell'indagine filosofica, trascende la mera misurabilità temporale e racchiude invece una comprensione più profonda e astratta del tempo. Nel suo nucleo, la durata si riferisce alla continuità e alla persistenza dell'esistenza, slegata dalle unità quantificabili che costruiscono il tempo cronologico. Questa concettualizzazione fornisce una visione della natura del tempo, gettando luce sulla sua essenza non lineare e interconnessa. I filosofi si sono confrontati con le implicazioni della durata, riconoscendo il suo legame

intrinseco con la coscienza umana e l'esperienza percettiva del tempo. Il contrasto tra durata e misurabilità temporale svela i limiti delle concezioni convenzionali ed empiriche del tempo. Mentre la misurabilità temporale si fissa su valori numerici e unità discrete, la durata comprende la natura soggettiva e fluida del tempo come sperimentato dagli esseri coscienti. Questa netta disparità ci spinge a mettere in discussione il nostro rapporto con il tempo e a considerare la possibilità di esperienze temporali al di là delle divisioni quantitative.

L'astrazione della durata dal tempo fisico la eleva a un regno di contemplazione filosofica. Ci invita a esplorare l'universalità dell'esperienza temporale e sfida i confini convenzionali stabiliti dalle misurazioni empiriche. L'impegno con i fondamenti concettuali della durata ci porta a confrontarci con indagini fondamentali sulla natura dell'esistenza e sulla percezione umana del tempo. Attraverso questa esplorazione, iniziamo ad apprezzare l'interazione tra astrazioni filosofiche ed esperienze temporali concrete, promuovendo una maggiore consapevolezza del complesso arazzo della realtà temporale.

2. Relazioni temporali e percezione umana:
Il tempo è un aspetto fondamentale dell'esistenza umana, che funge da cornice entro cui si svolgono tutte le esperienze. L'esplorazione della durata da parte di Locke ci spinge a considerare come gli individui percepiscono e interpretano le relazioni temporali, plasmando così la loro comprensione della realtà.

Un aspetto chiave da considerare è la natura soggettiva delle percezioni temporali. Gli esseri umani spesso sperimentano il tempo in modo diverso in base a vari fattori, come stati emotivi, attenzione e influenze culturali. Queste percezioni diverse possono portare a variazioni nel modo in cui gli individui comprendono la continuità dell'esistenza e il passaggio del tempo.

Inoltre, i contesti sociali e ambientali in cui gli individui esistono influenzano le loro percezioni temporali. Ad esempio, gli individui all'interno di culture diverse possono possedere quadri distinti per comprendere e relazionarsi al tempo. Questa diversità nelle percezioni temporali evidenzia la natura complessa e sfaccettata della cognizione umana.

D'altra parte, le relazioni temporali sono intrecciate con la memoria e l'anticipazione, influenzando il modo in cui gli individui costruiscono narrazioni del loro passato e futuro. Il ruolo della memoria nel dare forma alle relazioni temporali sottolinea le connessioni tra l'esperienza soggettiva del tempo e l'identità individuale.

La capacità di anticipare eventi futuri in base alle esperienze passate riflette l'impatto delle relazioni temporali sul processo decisionale e sul comportamento umano. Le intuizioni di Locke spingono a esplorare come le relazioni temporali contribuiscano alla costruzione di narrazioni personali e collettive.

Estensione e durata considerate insieme:

1. Integrazione dei concetti:
L'esplorazione meticolosa di Locke dei concetti intrecciati di estensione e durata chiarisce gli aspetti fondamentali della percezione e della comprensione umana. La correlazione tra estensione e durata non è una mera speculazione metafisica; piuttosto, funge da sostegno vitale per la teoria della conoscenza di Locke.

Man mano che avanziamo in questa discussione, diventa evidente che il trattamento di Locke di estensione e durata si estende oltre le loro definizioni individuali. Offre un'analisi coesa che trascende la consueta compartimentazione di considerazioni spaziali e temporali. Amalgamando questi concetti, Locke si sforza di fornire una comprensione unificata delle nostre esperienze percettive, sottolineando l'interconnessione dei determinanti spaziali e temporali nel plasmare la nostra comprensione del mondo.

Inoltre, lo sforzo di Locke di fondere questi concetti fondamentali riflette il suo impegno nel presentare un resoconto olistico della comprensione umana. Questo approccio ci consente di discernere i fili che legano insieme la nostra percezione dello spazio e del tempo, offrendo così un quadro completo per comprendere la natura delle nostre esperienze.

Esaminando la sintesi di Locke di estensione e durata, possiamo apprezzare l'arazzo che sta alla base della nostra percezione della realtà. Ci spinge a contemplare l'interazione tra elementi spaziali e temporali nel dare forma alla nostra comprensione del mondo. Inoltre, ci incoraggia a riflettere sulle implicazioni di questa fusione per indagini filosofiche più ampie, tra cui la natura dell'esistenza, la struttura della realtà e i limiti della cognizione umana.

2. Implicazioni e interrelazioni filosofiche:
La correlazione tra estensione, che si riferisce alla dimensione spaziale degli oggetti, e durata, che rappresenta l'aspetto temporale, solleva interrogativi sulla natura dell'esistenza e sulla struttura del mondo. Un'implicazione filosofica fondamentale riguarda la relazione tra spazio e tempo, un argomento che ha lasciato perplessi i pensatori per millenni. Questa interrelazione è stata una pietra angolare dei dibattiti in metafisica e continua a suscitare discorsi intellettuali nei circoli filosofici contemporanei.

Inoltre, esplorare la coalescenza di estensione e durata porta a intuizioni critiche sulla nostra percezione del cambiamento e della persistenza. L'intreccio di questi concetti spinge a riflettere sul tessuto stesso della realtà e sulla natura della nostra esperienza al suo interno. I filosofi hanno a lungo affrontato le implicazioni del cambiamento nel tempo e le tensioni intrinseche tra permanenza e alterazione. L'esame sfumato di Locke getta luce su queste indagini perenni, fornendo un trampolino di lancio per ulteriori riflessioni ed esplorazioni.

D'altro canto, considerare l'impatto collettivo di estensione e durata facilita un esame delle indagini esistenziali riguardanti la natura dell'essere e la transitorietà temporale della vita. La giustapposizione di estensione spaziale con durata temporale sollecita riflessioni toccanti sulla mortalità, l'impermanenza e la condizione umana. Queste riflessioni filosofiche si intersecano con discussioni più ampie su identità, coscienza e il significato dei momenti fugaci che costituiscono le nostre esperienze vissute. L'analisi completa di Locke porta quindi alla luce un ricco arazzo di implicazioni filosofiche, che risuonano sia con il discorso classico che con quello contemporaneo.

Le interrelazioni tra estensione e durata offrono spunti su quadri metafisici più ampi, in particolare per quanto riguarda la natura della sostanza e la concettualizzazione della realtà. L'interconnessione di considerazioni spaziali e temporali ci invita a contemplare la natura della sostanza e le sue manifestazioni attraverso il tempo e lo spazio. Queste esplorazioni non solo si impegnano con i tradizionali dibattiti ontologici, ma attraversano anche confini interdisciplinari, rinvigorendo dialoghi che comprendono fisica, psicologia e la natura della percezione.

Numeri – Il fondamento della matematica nel pensiero umano:

1. La genesi concettuale dei numeri:
La genesi concettuale dei numeri può essere fatta risalire alle prime civiltà della storia umana. In diverse culture, la necessità di contare e misurare oggetti ha spinto la creazione di

sistemi numerici. Nell'antica Mesopotamia, ad esempio, i Sumeri svilupparono un sofisticato sistema sessagesimale basato sul numero 60. Questo sistema ha fortemente influenzato il modo in cui misuriamo il tempo e gli angoli oggi. Nel frattempo, gli Egizi utilizzavano un sistema in base 10 per scopi pratici come il commercio e la tassazione, con simboli geroglifici che rappresentavano diverse potenze di 10. È affascinante notare come queste prime società riconoscessero la necessità di una rappresentazione numerica sistematica per gestire i loro affari quotidiani, riflettendo un'innata inclinazione umana verso la quantificazione e l'organizzazione.

Andando avanti nella storia, lo sviluppo del sistema numerico indo-arabo ha rivoluzionato la matematica e ha aperto la strada all'aritmetica moderna. Il concetto di zero, che ha svolto un ruolo fondamentale nel progresso del pensiero matematico, ha avuto origine nell'antica India e in seguito si è diffuso in Occidente attraverso studiosi islamici. L'evoluzione dei sistemi numerici mostra l'impatto dello scambio culturale e dell'innovazione umana nel plasmare la nostra comprensione dei numeri.

Inoltre, i fondamenti teorici della rappresentazione numerica hanno profonde implicazioni filosofiche, come dimostrato dal rinomato lavoro di matematici e filosofi come Pitagora e Platone. I loro contributi hanno gettato le basi per lo studio astratto dei numeri e del loro significato simbolico, trascendendo gli aspetti pratici del conteggio e della misurazione.

2. I numeri nella cognizione e nella comunicazione umana:

Dai primi sistemi numerici sviluppati dalle civiltà antiche ai sofisticati quadri matematici impiegati nella società moderna, il concetto di numeri è stato radicato nel tessuto del pensiero umano. La capacità di comprendere e manipolare i numeri non è solo un aspetto fondamentale dello sviluppo cognitivo, ma anche uno strumento essenziale per una comunicazione efficace e la risoluzione dei problemi. Per comprendere il significato dei numeri nella cognizione e nella comunicazione umana è necessario un approccio multidisciplinare che comprenda psicologia cognitiva, linguistica, antropologia e matematica.

Nel regno della cognizione, il concetto di numerosità, o la capacità di percepire e comprendere la quantità, è fondamentale per lo sviluppo umano. I neonati di appena pochi mesi dimostrano una comprensione di base dei concetti numerici, come la discriminazione tra diverse quantità e il riconoscimento di schemi numerici. Questa capacità innata di interagire con i numeri costituisce la base per ragionamenti matematici più complessi e capacità di risoluzione dei problemi più avanti nella vita. Inoltre, la cognizione numerica si estende oltre la semplice aritmetica e sostiene concetti matematici avanzati, tra cui algebra, calcolo e ragionamento probabilistico.

Nel contesto della comunicazione, i numeri fungono da linguaggio universale che trascende le barriere culturali e linguistiche. Sia che siano espressi tramite numeri, simboli o parole pronunciate, le rappresentazioni numeriche facilitano lo scambio di informazioni quantitative e consentono un'espressione precisa di grandezze, proporzioni e relazioni. Inoltre, la comunicazione numerica permea diversi ambiti, dalla ricerca scientifica e innovazione tecnologica all'analisi finanziaria e alle attività artistiche. La comprensione condivisa dei concetti numerici consente a individui e società di impegnarsi in un processo decisionale informato, nella risoluzione collaborativa dei problemi e nell'espressione creativa.

Il ruolo dei numeri nella cognizione e nella comunicazione umana si estende oltre l'utilità pratica e comprende implicazioni filosofiche e teoriche. Filosofi e studiosi si sono a lungo confrontati con questioni sulla natura dei numeri, sul loro status ontologico e sulla loro relazione con la realtà. La filosofia della matematica approfondisce i principi fondamentali dei concetti numerici e le loro implicazioni per la nostra comprensione del mondo. Inoltre, lo studio del linguaggio e della semiotica esplora il modo in cui le rappresentazioni numeriche vengono codificate, decodificate e interpretate all'interno di diversi contesti culturali e comunicativi, gettando luce sulle dinamiche del simbolismo e del significato numerico.

Infinito:

1. Confini concettuali e contesto filosofico:

Esaminare l'infinito entro i confini del discorso metafisico invita a esplorare le sue implicazioni concettuali. Alcune prospettive filosofiche vedono l'infinito come un simbolo astratto di potenziale illimitato, mentre altre ne contemplano il significato nella comprensione della natura dell'esistenza stessa. La tensione tra il finito e l'infinito funge da punto focale per le deliberazioni filosofiche, mentre gli studiosi si sforzano di demarcare i confini della comprensione umana in relazione all'infinito.

Inoltre, addentrarsi nel contesto filosofico dell'infinito comporta un'analisi della sua connessione con indagini ontologiche più ampie. La considerazione dell'infinito spinge a contemplare la natura della realtà, sollevando domande sulla possibile infinità dell'universo e sui limiti della percezione umana. All'interno di questa cornice filosofica, l'infinito emerge come un concetto fondamentale che sfida i modi convenzionali di pensiero e invita a un'esplorazione intellettuale espansiva.

Mentre affrontiamo i contorni delle teorie filosofiche che circondano l'infinito, diventa evidente che il concetto trascende i confini disciplinari tradizionali, risuonando attraverso matematica, teologia e filosofia esistenziale. Questa risonanza interdisciplinare enfatizza il fascino dell'infinito come soggetto di contemplazione, spingendo gli studiosi a confrontarsi con la sua natura sfuggente da diversi punti di vista e quadri teorici.

2. L'infinito in matematica: il suo ruolo e le sue implicazioni.

Nel discorso matematico, la nozione di infinito si estende ben oltre la sua tipica comprensione nel linguaggio quotidiano, costituendo un soggetto di analisi multiforme. Dalle civiltà antiche al mondo accademico moderno, i matematici si sono confrontati con le complessità e i paradossi insiti nel concetto di infinito, riconoscendone il ruolo fondamentale in vari quadri matematici.

Uno degli aspetti fondamentali dell'infinito risiede nella sua capacità di significare l'illimitatezza, fungendo da strumento indispensabile per esplorare i limiti teorici e le possibilità all'interno di diversi rami della matematica. Che si trovi nel calcolo, nella teoria degli insiemi o nella teoria dei numeri, il concetto di infinito trascende i vincoli numerici, offrendo ai matematici la libertà di addentrarsi in strutture astratte e serie infinite, arricchendo così la profondità e l'ampiezza dell'indagine matematica.

Inoltre, l'infinito svolge un ruolo fondamentale nella formulazione di rigorose dimostrazioni matematiche, consentendo ai matematici di stabilire la convergenza o la divergenza di sequenze e serie, rafforzando così la robustezza e la validità delle congetture matematiche. Oltre al suo significato fondamentale, l'infinito genera anche implicazioni per applicazioni pratiche, che vanno dai progressi tecnologici alla risoluzione di problemi nel mondo reale. Ad esempio, nel regno dell'informatica e della teoria dell'informazione, il concetto di infinito diventa strumentale nella progettazione algoritmica, nella compressione dei dati e nella crittografia, guidando l'innovazione e l'efficienza computazionale. L'influenza pervasiva dell'infinito permea diversi domini, plasmando la nostra comprensione del potenziale sconfinato insito nel ragionamento matematico e nell'innovazione tecnologica.

3. L'infinito nella cognizione umana: afferrare l'inafferrabile.

Con una solida comprensione di come l'infinito opera nel regno della matematica, è pertinente esplorare la sua manifestazione nella cognizione umana. Il concetto di infinito pone una sfida unica alla mente umana, poiché spinge i confini della comprensione e della razionalità. Nonostante la sua natura astratta e apparentemente paradossale, l'intelletto umano si è sforzato di confrontarsi con la nozione di infinito, riconoscendone le implicazioni per la filosofia, la scienza e la metafisica. Nel contemplare l'infinito, gli individui sono costretti a confrontarsi con i limiti delle proprie facoltà cognitive, portando a un'introspezione filosofica riguardante l'estensione della conoscenza e della comprensione umana.

L'atto stesso di tentare di concepire l'infinito riflette l'innato desiderio umano di trascendere i vincoli percepiti, sia intellettuali che esistenziali. Questo viaggio introspettivo si espande oltre i domini quantitativi ed empirici, addentrandosi nell'essenza della coscienza e della percezione umana. Inoltre, invita a esplorare l'interconnessione tra l'infinito e il finito, sottolineando l'equilibrio tra questi concetti contrastanti ma intrinsecamente collegati. L'impegno con la nozione di infinito spinge anche a contemplare la ricerca umana di significato e importanza all'interno della vasta distesa dell'esistenza.

Mentre gli individui si confrontano con l'infinità del cosmo e con il loro posto al suo interno, sono costretti a rivalutare le indagini esistenziali fondamentali, tra cui il concetto di eternità, la natura della realtà e l'interconnessione di tutta la vita. Inoltre, lo sforzo di comprendere l'infinito promuove un apprezzamento per l'enigmatico e l'ignoto, infondendo nell'esperienza umana un senso di meraviglia e umiltà.

Altre modalità semplici:

1. Identificazione e classificazione:

L'unità, nella sua essenza, rappresenta la natura indivisibile di una singola entità o idea. Funge da elemento fondamentale nella cognizione di idee complesse, gettando le basi per tutti i successivi processi intellettuali. In secondo luogo, esploreremo le sfumature del potere come modalità semplice. Il potere, come percepito da Locke, incarna la capacità di agire o produrre un effetto. Questo concetto è intrinseco alla nostra comprensione dell'agenzia e della causalità, dando origine a indagini filosofiche sulla natura della volontà umana e sui meccanismi di influenza. Il riconoscimento e la classificazione di tali modalità semplici meno discusse sono fondamentali per ampliare la nostra comprensione dei diversi elementi che contribuiscono alla complessità della cognizione e della percezione umana.

2. Interrelazione tra modalità semplici e sviluppo cognitivo:

Le modalità semplici, come identificate e classificate nella sezione precedente, servono come componenti elementari attraverso cui vengono costruite le nostre percezioni e i nostri pensieri. Inoltre, la loro interazione con lo sviluppo cognitivo influenza il tessuto stesso della nostra prospettiva filosofica.

Per comprendere il legame tra modalità semplici e sviluppo cognitivo, è essenziale considerare come questi elementi di base formino i mattoni delle idee complesse. Secondo Locke, le idee complesse si formano combinando modalità semplici in vari modi, consentendo così la rappresentazione di più nozioni. Questo processo rispecchia lo sviluppo cognitivo degli individui mentre progrediscono dalla percezione di elementi isolati alla comprensione di concetti più elaborati attraverso l'assimilazione e la sintesi di modalità semplici.

Inoltre, l'interrelazione tra modalità semplici e sviluppo cognitivo getta luce sul ruolo dell'esperienza nel plasmare la nostra comprensione del mondo. Locke afferma che tutte le idee complesse possono essere ricondotte a modalità semplici, che in ultima analisi derivano da esperienze sensoriali. Questa enfasi sulla conoscenza esperienziale sottolinea l'importanza dello sviluppo cognitivo in relazione alle nostre percezioni della realtà.

Modalità di pensiero:

1. Fondamenti delle modalità cognitive:
La percezione, come modalità cognitiva, comprende il processo attraverso cui gli individui interpretano e comprendono le informazioni sensoriali dal mondo esterno. Questo processo implica l'integrazione di stimoli sensoriali, schemi cognitivi ed esperienze passate per costruire rappresentazioni percettive dell'ambiente. Comprendere i meccanismi alla base della percezione è fondamentale per comprendere come gli individui danno un senso all'ambiente circostante e interagiscono con il mondo esterno.

Inoltre, esplorare la relazione tra percezione e cognizione fa luce sui processi fondamentali che sostengono la coscienza e la consapevolezza umana. La memoria, un'altra modalità cognitiva cruciale, svolge un ruolo fondamentale nella codifica, nell'archiviazione e nel recupero delle informazioni nel tempo. Comprende varie forme come la memoria sensoriale, la memoria a breve termine e la memoria a lungo termine, ciascuna delle quali contribuisce al funzionamento complessivo dei processi cognitivi. La natura dei processi di memoria, tra cui la codifica, il consolidamento e il recupero, offre spunti sulla cognizione umana e sulla conservazione delle esperienze e delle conoscenze personali.

Inoltre, indagare le basi neurobiologiche della memoria fornisce una comprensione completa delle reti neurali coinvolte nei processi cognitivi. L'immaginazione, spesso considerata una pietra angolare del pensiero creativo, rappresenta una modalità cognitiva fondamentale che consente agli individui di simulare esperienze, idee e scenari che non sono presenti nel loro ambiente immediato. Esaminare l'interazione tra percezione, memoria e immaginazione chiarisce la natura dinamica dei processi cognitivi e il ruolo delle rappresentazioni mentali nel plasmare esperienze e cognizioni individuali. Inoltre, comprendere le basi cognitive dell'immaginazione svela la sua importanza nella risoluzione dei problemi, nel processo decisionale e nella generazione di nuove idee.

2. Processi e meccanismi del pensiero:
L'esplorazione dei processi e dei meccanismi del pensiero si addentra nella cognizione umana. Al centro di questa indagine si trovano le complesse operazioni della mente, che comprendono percezione, memoria, attenzione, elaborazione del linguaggio, risoluzione dei problemi, processo decisionale e altro ancora. Questi processi cognitivi non sono entità isolate, ma sono interconnessi in una rete sofisticata che orchestra il modo in cui percepiamo, interpretiamo e interagiamo con il mondo che ci circonda. Al centro di questa discussione c'è il concetto di rappresentazione mentale, che implica la codifica, l'archiviazione e il recupero delle informazioni all'interno del sistema cognitivo. Questo processo chiarisce come gli individui creano modelli interni della realtà esterna, gettando le basi per la comprensione e la costruzione della conoscenza.

Inoltre, il meccanismo cognitivo opera all'interno del quadro dell'elaborazione delle informazioni, in cui gli stimoli provenienti dall'ambiente sono sottoposti a input sensoriali, seguiti da codifica, archiviazione, recupero ed esecuzione. Questo processo ciclico sottolinea la natura dinamica della cognizione e il suo ruolo nel plasmare il comportamento e l'esperienza umana. L'esame dei meccanismi del pensiero comporta anche un'analisi delle funzioni esecutive, tra cui la memoria di lavoro, la flessibilità cognitiva e il controllo inibitorio, che regolano collettivamente il comportamento orientato agli obiettivi e la risoluzione dei problemi.

Lo studio dei processi cognitivi si estende ai regni dell'attenzione e della percezione, svelando i modi in cui gli individui allocano risorse cognitive, filtrano gli input sensoriali e costruiscono rappresentazioni mentali del mondo esterno. È importante notare che questa esplorazione fa luce sull'interazione tra elaborazione sensoriale bottom-up e controllo cognitivo top-down, illustrando come queste forze complementari contribuiscano all'organizzazione percettiva e al comportamento adattivo. La natura multiforme dei processi cognitivi si intreccia con neuroscienze, informatica, psicologia e filosofia, sollecitando un approccio multidisciplinare per comprendere i meccanismi sottostanti. Pertanto, i progressi nelle tecniche di neuroimaging, nella modellazione computazionale e nella ricerca empirica hanno arricchito la nostra comprensione dell'architettura funzionale del cervello e dei substrati neurali che supportano le operazioni cognitive. Svelare l'enigma della cognizione richiede una prospettiva olistica che abbracci le interrelazioni tra i fattori biologici, psicologici e ambientali che modellano la nostra esperienza cognitiva.

3. Implicazioni per la comprensione e la ragione:
La comprensione è un processo cognitivo fondamentale che consente agli individui di comprendere, interpretare e dare un senso al mondo che li circonda. Locke postula che la comprensione è subordinata alla percezione delle idee e alla loro associazione reciproca, evidenziando il ruolo fondamentale

dei processi cognitivi nel favorire la comprensione e l'intuizione. Inoltre, la ragione, come chiarito da Locke, è collegata alla capacità di pensiero logico, inferenza e giudizio. Funge da pietra angolare di un sano processo decisionale e dell'assimilazione della conoscenza.

Le implicazioni per la comprensione e la ragione sono molteplici e si estendono a vari aspetti della cognizione e del comportamento umano. In primo luogo, una migliore comprensione dei processi cognitivi consente una comprensione più approfondita di concetti e fenomeni complessi. Locke sottolinea l'importanza di idee chiare e distinte, affermando che una comprensione coerente si basa sulla chiarezza e sulla coerenza delle rappresentazioni mentali. Ciò ha implicazioni per campi come la filosofia, la psicologia e l'istruzione, dove la natura della comprensione e della ragione costituisce la base dell'indagine accademica e degli approcci pedagogici.

Inoltre, l'interazione tra comprensione e ragione influenza la formulazione di credenze, atteggiamenti e visioni del mondo. Comprendendo i meccanismi sottostanti del pensiero, gli individui sono in grado di affinare le proprie capacità di ragionamento, valutare criticamente le informazioni e coltivare prospettive razionali. In sostanza, le implicazioni per la comprensione e la ragione sottolineano l'imperativo di coltivare discernimento intellettuale e abilità analitica come elementi fondamentali di un processo decisionale informato.

Nel regno delle applicazioni pratiche, una comprensione completa dei processi cognitivi alla base della comprensione e della ragione ha importanti ramificazioni per campi quali la scienza cognitiva, l'intelligenza artificiale e la psicologia cognitiva. Comprendere come funziona la mente, elabora le informazioni e formula giudizi fornisce preziose intuizioni per lo sviluppo di sistemi intelligenti, strumenti di supporto alle decisioni e interventi volti a migliorare la funzione cognitiva.

Le implicazioni per la comprensione e la ragione si estendono oltre la cognizione individuale, permeando le dimensioni sociali e culturali. Un apprezzamento collettivo di diverse modalità di pensiero e ragionamento promuove empatia, tolleranza e dialogo costruttivo, facilitando la risoluzione dei conflitti e la crescita di comunità inclusive. Ciò sottolinea l'immensa rilevanza sociale della comprensione e della ragione, che trascende i confini del discorso accademico per dare forma alle dinamiche sociali e alla governance.

Modalità di piacere e dolore:

1. Esplorazione delle impressioni sensoriali e delle risposte emotive:

L'interazione tra sensazione ed emozione è profondamente radicata nei meccanismi fondamentali della cognizione umana. Quando gli individui affrontano il mondo, incontrano costantemente una miriade di stimoli sensoriali, che vanno dalle vivide tonalità di un tramonto al tocco delicato di una persona cara. Questi stimoli agiscono come inneschi che coinvolgono la rete di percorsi neurali all'interno del cervello, culminando infine nel ricco arazzo di esperienze emotive. Il processo inizia con la ricezione di input sensoriali da parte di recettori specializzati, come i fotorecettori negli occhi o i meccanorecettori nella pelle, che convertono gli stimoli esterni in segnali elettrici. Questi segnali vengono quindi trasmessi al cervello, dove avviene un'elaborazione complessa. Questa elaborazione neurale comporta l'integrazione di informazioni sensoriali con quadri cognitivi preesistenti, portando alla generazione di risposte emotive. È importante notare che la trasformazione degli stimoli sensoriali in esperienze emotive non si limita alle reazioni immediate; piuttosto, influenza la formazione di percezioni che modellano il panorama emotivo di un individuo nel tempo. Addentrandoci nell'esplorazione delle impressioni sensoriali e delle risposte emotive, acquisiamo una comprensione dell'impatto delle esperienze sensoriali sulla psiche umana. Questa comprensione sottolinea la natura delle emozioni umane e il significato fondamentale degli input sensoriali nel generare stati emotivi.

2. La dicotomia tra piacere e dolore:

La ricerca psicologica ha rivelato che piacere e dolore non sono semplicemente opposti, ma piuttosto esistono in un continuum, influenzando i nostri pensieri, comportamenti e benessere generale. Il tapis roulant edonistico, un concetto profondamente radicato nelle teorie psicologiche, sottolinea la natura dinamica del piacere e del dolore e il modo in cui gli individui si adattano continuamente alle loro mutevoli circostanze. Comprendere i fondamenti psicologici di questo equilibrio dinamico è fondamentale per comprendere come gli individui affrontano le innumerevoli esperienze e sfide della vita.

Inoltre, il ruolo di neurotrasmettitori come dopamina, serotonina ed endorfine nella modulazione delle nostre esperienze di piacere e dolore non può essere sopravvalutato. Queste sostanze neurochimiche svolgono un ruolo fondamentale nel plasmare il nostro panorama emotivo, influenzando direttamente il nostro umore, la nostra motivazione e il senso generale di benessere. Approfondendo il funzionamento di questi neurotrasmettitori, gli psicologi ottengono preziose intuizioni sulle basi neurobiologiche del piacere e del dolore, offrendo una comprensione olistica delle esperienze emotive umane.

Le prospettive psicologiche sulla dicotomia di piacere e dolore comprendono anche l'influenza dei processi cognitivi e delle differenze individuali nella reattività emotiva. Le teorie di valutazione cognitiva chiariscono come gli individui valutano e interpretano gli eventi, plasmando in ultima analisi le loro risposte emotive. Inoltre, i tratti della personalità, le strategie di coping e la resilienza svolgono un ruolo significativo nel determinare la suscettibilità di un individuo al piacere e al dolore, sottolineando ulteriormente la natura multiforme di questa dicotomia.

Potere – Autorità, Abilità e Influenza:

1. Definizione del potere:

Il potere, nelle sue varie manifestazioni, costituisce un aspetto fondamentale dell'esperienza e della governance umana. Al centro della comprensione del potere si trovano i concetti interconnessi di autorità, capacità e influenza. Per comprendere queste nozioni, è essenziale approfondire i loro fondamenti filosofici e le loro definizioni, tracciandone l'evoluzione dalle prospettive classiche a quelle contemporanee.

Il concetto di autorità è profondamente radicato nell'idea di controllo o dominio legittimo. Comprende il diritto di esercitare il comando, prendere decisioni e imporre l'obbedienza all'interno di un dominio specifico. Da un punto di vista filosofico, pensatori come Thomas Hobbes e John Locke si sono confrontati con la natura dell'autorità politica, dibattendo se essa derivi da un contratto sociale o da una sovranità innata. Questi dibattiti continuano a plasmare la nostra comprensione dell'autorità oggi, in particolare nei regni del diritto, della politica e della governance.

L'abilità, d'altro canto, riguarda la capacità di un individuo o di un'entità di attuare un cambiamento, esercitare influenza o raggiungere obiettivi specifici. Gli esami filosofici dell'abilità spesso toccano il concetto di agency, sottolineando il ruolo della libertà personale e della volontà nel plasmare le proprie azioni e risultati. Dalla nozione di potenzialità di Aristotele all'enfasi esistenzialista sulla libertà radicale, il discorso sull'abilità attraversa diversi paesaggi intellettuali, informando in ultima analisi le discussioni contemporanee su empowerment, autonomia e autodeterminazione.

L'influenza, pur essendo collegata all'autorità e alla capacità, comprende un dominio distinto incentrato sulla persuasione, l'impatto e la sottile definizione di comportamenti e credenze. Lo studio dell'influenza attinge da prospettive psicologiche, sociologiche e antropologiche, rivelando le dinamiche in gioco nelle relazioni interpersonali, nelle strutture sociali e nei fenomeni culturali. Le opere di psicologi come Stanley Milgram e di teorici sociali come Michel Foucault offrono spunti sui meccanismi dell'influenza, gettando luce sul conformismo, sul potere sociale e sulla diffusione delle ideologie.

2. Meccanismi di potere nell'interazione e nella governance umana:

Il potere, nel contesto dell'interazione umana e della governance, si manifesta attraverso meccanismi multiformi che plasmano e influenzano individui, società e nazioni. Nell'ambito della governance, il potere è spesso esercitato attraverso istituzioni politiche, quadri giuridici e sistemi di autorità. L'allocazione e la distribuzione delle risorse, i processi decisionali e l'implementazione delle politiche sono tutti componenti integrali attraverso cui il potere è esercitato nella governance. Inoltre, la capacità di mobilitare e orchestrare azioni collettive, negoziare interessi contrastanti e affrontare strutture sociali complesse fa parte della rete di dinamiche di potere all'interno della governance.

D'altro canto, il ruolo della leadership nel guidare il cambiamento, promuovere la stabilità e affermare l'influenza sottolinea le complessità insite nei meccanismi di potere all'interno della governance. Nel contesto più ampio dell'interazione umana, il potere opera attraverso dinamiche interpersonali, gerarchie sociali e norme culturali. Gli individui esercitano il potere attraverso la comunicazione, la persuasione e la capacità di raccogliere sostegno per le proprie idee o cause. Le strutture e le istituzioni sociali svolgono anche un ruolo fondamentale nel perpetuare le differenze di potere, sia attraverso disparità economiche, accesso all'istruzione o opportunità di avanzamento.

Inoltre, le dinamiche di potere all'interno di relazioni, famiglie e comunità sono prevalenti e contribuiscono a plasmare le aspettative sociali, i modelli di comportamento e l'agenzia individuale. In particolare, l'uso e l'abuso del potere sollevano considerazioni etiche riguardanti l'equità, la giustizia e l'impatto sui gruppi emarginati. Comprendere i meccanismi del potere nell'interazione umana e nella governance è fondamentale per comprendere le dinamiche sociali, affrontare le disparità e promuovere sistemi equi.

Modalità miste nella comprensione umana:

1. Componenti e significato:
Nell'addentrarsi nei regni della cognizione umana, diventa imperativo comprendere le complessità incapsulate nella vasta gamma di modalità miste che John Locke delinea astutamente. Queste modalità miste, caratterizzate dalla loro natura composita, rappresentano perni cruciali nello svelare il tessuto dei complessi processi di pensiero umano. L'identificazione di Locke di queste modalità miste, che spaziano da quelle di responsabilità morale all'amalgama di idee disparate, sottolinea la loro importanza nell'elucidare le dimensioni sfaccettate delle nostre facoltà mentali. Esaminando attentamente i componenti e il significato intrinseco di ogni modalità mista, si possono ricavare preziose intuizioni sulla profondità e la diversità della comprensione umana. Impegnarsi con il discorso di Locke sulle modalità miste svela un vero e proprio arazzo di amalgamazioni cognitive, mettendo a nudo il ricco arazzo del pensiero e del ragionamento umani.

2. Formazione e ruolo delle modalità miste nella cognizione umana:

Come spiegato da Locke, l'amalgama di idee per formare modalità miste è un processo cognitivo intrinseco che governa la nostra concezione di concetti astratti. Nell'esplorare questa sfaccettatura della cognizione umana, approfondiamo i meccanismi che sostengono la combinazione di idee semplici per formare nozioni complesse. Il ruolo delle modalità miste si estende oltre la mera amalgama, incapsulando l'interazione sfumata di varie idee semplici per costruire elaborati quadri di comprensione.

Inoltre, addentrarsi nella formazione di modalità miste svela la rete di associazioni e correlazioni che permeano le nostre facoltà cognitive. Ciò implica la sintesi di elementi divergenti, intrecciandoli in strutture coese che incarnano interpretazioni sfaccettate all'interno della coscienza umana. Svelando in modo completo le diverse permutazioni di modalità miste, otteniamo intuizioni più profonde sulla natura della cognizione umana. Per sottolineare il loro significato, è fondamentale riconoscere l'influenza pervasiva delle modalità miste nel plasmare le nostre percezioni e concettualizzazioni di realtà complesse.

Il ruolo delle modalità miste nel conferire profondità e ricchezza al nostro panorama cognitivo non può essere sottovalutato. La loro interazione con idee semplici genera un arazzo dinamico di pensiero che trascende i confini dei singoli componenti, illuminando l'interconnessione delle nozioni astratte.

Comprendere le idee complesse delle sostanze:

1. Fondamenti e caratteristiche:
La premessa fondamentale risiede nella distinzione tra idee semplici e complesse, in cui queste ultime emergono come rappresentazioni composte derivate da elementi semplici. Locke postula che le idee complesse sono costruite sulla combinazione di idee semplici, dando origine a un'immagine

mentale più completa. Queste idee complesse non sono inerenti agli oggetti esterni, ma sono formate attraverso le operazioni mentali dell'osservatore.

Locke sottolinea le proprietà intrinseche delle idee complesse, sottolineandone la natura multiforme e la struttura compositiva. A differenza delle idee semplici, che derivano da percezioni sensoriali individuali, le idee complesse implicano una sintesi di varie idee semplici, incarnando così un livello superiore di astrazione. Inoltre, le idee complesse mostrano una ricca interconnessione, in cui ogni parte costituente contribuisce alla comprensione olistica dell'oggetto o del concetto rappresentato.

Inoltre, Locke delinea meticolosamente le caratteristiche che distinguono le idee complesse dalle loro controparti più semplici. Evidenzia il ruolo dell'astrazione nella costruzione di idee complesse, spiegando come la mente amalgami elementi disparati in un quadro concettuale unificato. Questo processo implica il discernimento di elementi comuni tra idee semplici e la loro unione per formare un tutto integrato, gettando così luce sulla sofisticatezza cognitiva insita nella formazione di idee complesse.

L'esplorazione di Locke si estende alla differenziazione tra qualità primarie e secondarie all'interno di idee complesse, sottolineando l'interazione dinamica tra percezione soggettiva e realtà oggettiva. Attraverso questa lente, esamina la relazione tra input sensoriale e interpretazione mentale, svelando gli strati che costituiscono il tessuto di idee complesse. Inoltre, Locke sottolinea il ruolo fondamentale del linguaggio nel dare forma a idee complesse, sottolineando come i costrutti linguistici aiutino a cristallizzare concetti astratti e a facilitare il discorso intellettuale.

2. Categorizzazione delle sostanze: tipi ed esempi.

La categorizzazione delle sostanze svolge un ruolo fondamentale nell'epistemologia di Locke e fornisce un quadro per comprendere la natura di queste idee. Le sostanze possono essere ampiamente classificate come materiali e immateriali. Le sostanze materiali comprendono entità fisiche come alberi, rocce, animali ed esseri umani, mentre le sostanze immateriali appartengono a entità spirituali come menti o anime. Questa categorizzazione getta le basi per un esame sfumato delle diverse manifestazioni delle sostanze. All'interno delle sostanze materiali, incontriamo ulteriori suddivisioni, tra cui sostanze organiche e inorganiche. Le sostanze organiche comprendono organismi viventi, come piante e animali, mentre le sostanze inorganiche sono costituite da entità non viventi come minerali e metalli. Delineando queste distinzioni, otteniamo informazioni sulle diverse forme che le sostanze incarnano all'interno del quadro filosofico di Locke.

D'altra parte, fornire esempi concreti di ogni tipo di sostanza chiarisce le complessità inerenti alle loro classificazioni. Ad esempio, una quercia imponente esemplifica una sostanza materiale organica, mentre una montagna maestosa funge da esempio di una sostanza materiale inorganica. Allo stesso modo, le sostanze immateriali sono esemplificate dal concetto astratto della mente umana o dalla natura incorporea di un essere spirituale. Attraverso questa esplorazione dettagliata dei tipi di sostanza e dei loro esempi corrispondenti, i lettori acquisiscono un apprezzamento per la profondità e l'ampiezza del trattamento di idee complesse da parte di Locke.

Idee collettive di sostanze:

1. Definizione delle idee collettive delle sostanze:
Le idee collettive di sostanze si formano attraverso l'amalgama di singole idee semplici e rappresentano un insieme o una raccolta che possiede unità e coesione. Differiscono dalle

idee complesse in quanto non implicano la composizione di idee semplici, ma piuttosto il raggruppamento di elementi particolari in un unico insieme unificato. Inoltre, le idee collettive si distinguono anche dalle idee singolari in quanto trascendono i confini dell'individualità e incapsulano un conglomerato di attributi o qualità. Per classificare opportunamente una raccolta sotto il concetto di sostanza, Locke postula determinati criteri che denotano la natura delle interrelazioni e delle dipendenze tra gli elementi costituenti. Un aspetto cruciale è la coerenza e la dipendenza reciproca esibite dalle singole parti all'interno della raccolta. Ciò comporta un'integrazione armoniosa delle idee semplici che formano l'idea collettiva della sostanza, indicando così un'identità e uno scopo unificati. Inoltre, il concetto di sostanza necessita di un grado di permanenza e continuità nelle qualità o proprietà collettive che lo definiscono. Pertanto, le interazioni dinamiche e le interrelazioni tra gli elementi contribuiscono all'identità persistente della sostanza, rafforzando ulteriormente la sua classificazione come idea collettiva.

Relazioni: fondamento della conoscenza.

1. Concettualizzare le relazioni nell'epistemologia di Locke:

Locke postula che tutta la conoscenza umana nasce dalla percezione delle connessioni e delle relazioni tra idee. Per comprendere in modo esaustivo la filosofia di Locke, è indispensabile svelare come egli concettualizza le relazioni e i loro diversi tipi nel contesto della comprensione umana. Locke discerne vari tipi di relazioni, che vanno da quelle semplici come identità e diversità a quelle più complesse come causa ed effetto, come componenti integrali del processo di percezione umana. Il suo trattamento di queste relazioni trascende le mere nozioni astratte; si addentra nel tessuto stesso della cognizione umana e nella sua connessione con la realtà.

Per comprendere la spiegazione delle relazioni di Locke è necessario approfondire le indagini filosofiche sulla natura fondamentale delle nostre esperienze percettive e sul modo in cui organizziamo e interpretiamo tali esperienze. Richiede inoltre di esplorare il modo in cui queste percezioni costituiscono la base per la nostra acquisizione di conoscenza. Teorizzando le relazioni come collegamenti critici tra idee, Locke fornisce un quadro fondamentale per comprendere la struttura della comprensione umana e la costruzione di una conoscenza significativa. Attraverso la sua analisi, Locke sottolinea l'interazione tra idee e le loro relazioni, chiarendone il significato nel plasmare il panorama cognitivo umano.

Inoltre, l'esplorazione delle relazioni da parte di Locke favorisce una migliore comprensione delle complessità implicate nel processo di comprensione e interpretazione del mondo che ci circonda. Addentrarsi nel regno dell'epistemologia di Locke svela l'impatto delle relazioni sul tessuto stesso delle nostre ricerche intellettuali e sottolinea la loro indispensabilità nel coltivare una comprensione sfumata dei fenomeni empirici.

2. La relazione come pietra angolare della conoscenza empirica:

Comprendendo la rete di relazioni che collegano le idee, Locke stabilisce un quadro per l'empirismo che è radicato in fenomeni osservabili ed esperienziali. Al centro di questo quadro si trova il riconoscimento che la nostra comprensione del mondo è costruita attraverso le relazioni e le associazioni che discerniamo al suo interno. Queste dinamiche relazionali costituiscono il fondamento stesso su cui poggia la conoscenza empirica.

Locke postula che le nostre nozioni di identità, causalità e sostanza sono tutte intrinsecamente legate alla rete relazionale che tessiamo attraverso le nostre esperienze. Pertanto, la natura stessa dell'indagine empirica dipende dalla nostra capacità di comprendere e affrontare queste relazioni multiformi. In quanto tale, la relazione emerge come la pietra angolare della conoscenza empirica, fungendo da perno che lega insieme il tessuto della nostra comprensione. Attraverso un'esplorazione della relazione, Locke articola una visione dell'acquisizione della conoscenza che è inseparabile dalla rete di connessioni tessute dalla percezione e dall'esperienza umana. È all'interno del regno delle relazioni che i contorni delle nostre esperienze prendono forma, ed è attraverso queste interconnessioni che costruiamo significato e sviluppiamo intuizioni.

L'enfasi di Locke sulla relazione come pietra angolare della conoscenza empirica sottolinea l'impatto che le dinamiche di connessione e associazione hanno sul nostro panorama cognitivo. Attraverso la lente della relazione, ci viene offerto un mezzo per svelare l'arazzo della comprensione empirica, consentendoci di discernere i fili che legano insieme le nostre percezioni e interpretazioni. Questo ruolo fondamentale della relazione nella conoscenza empirica non solo illumina la natura interconnessa dei nostri costrutti cognitivi, ma sottolinea anche il ruolo indispensabile che le dinamiche relazionali svolgono nel plasmare la nostra comprensione del mondo che ci circonda.

Dinamiche di causa ed effetto nella filosofia di Locke:

1. Relazioni causali nel modello di Locke:
Locke esamina la causalità come un concetto fondamentale che plasma la nostra comprensione del mondo che ci circonda. Si addentra nella rete di causa ed effetto, spiegando come influenza il ragionamento e la comprensione umani. Centrale nella prospettiva di Locke è l'esplorazione di come gli individui percepiscono, interpretano e ragionano sulle

relazioni causali. Locke sottolinea il ruolo dell'esperienza e dell'osservazione nel plasmare la nostra comprensione della causalità. Secondo Locke, la nostra conoscenza di causa ed effetto emana in gran parte dalle nostre esperienze sensoriali e dall'introspezione, aprendo la strada all'indagine empirica e alla riflessione razionale per discernere le connessioni causali sottostanti in gioco. Inoltre, Locke sostiene che la mente umana si impegna attivamente con queste relazioni causali, elaborandole e interpretandole per dare un senso al mondo. Questo impegno sfumato con la causalità nel quadro di Locke sottolinea l'intersezione tra percezione, cognizione e formazione della conoscenza. Inoltre, Locke esplora i limiti della comprensione umana nel discernere connessioni causali, riconoscendo le complessità e le incertezze intrinseche che sono alla base del tessuto della causalità. Indaga come gli individui si confrontano con la creazione di collegamenti causali e affrontano relazioni percepite.

2. Elementi empirici e razionali:

Locke sostiene che la nostra comprensione della causalità dipende dalle nostre percezioni, sia esterne che interne. Le osservazioni empiriche costituiscono il fondamento della nostra concezione di causalità, poiché ricaviamo la nostra conoscenza delle relazioni tra eventi dai nostri incontri sensoriali con il mondo naturale. Questi elementi empirici servono come materia prima per la costruzione delle nostre teorie e spiegazioni causali. Tuttavia, Locke sottolinea anche il ruolo degli elementi razionali nel dare forma alla nostra comprensione della causalità. Sostiene che la mente non solo riceve passivamente dati sensoriali, ma elabora e organizza attivamente queste informazioni attraverso la riflessione e il ragionamento. Le facoltà razionali come il giudizio e l'inferenza svolgono un ruolo cruciale nella sintesi di input empirici in quadri causali coerenti. Inoltre, questo esame ci consente di apprezzare la relazione tra percezione sensoriale, facoltà cognitive e costruzione di comprensioni causali, gettando così le basi per una comprensione arricchita della causalità all'interno del quadro filosofico di Locke.

Discussione su altri tipi di relazioni:

Le relazioni nella comprensione umana si estendono ben oltre il regno della causalità, comprendendo un ampio spettro di connessioni che sono parte integrante della nostra comprensione del mondo. Tra queste, le relazioni spaziali occupano una posizione di rilievo, guidando la nostra comprensione della disposizione fisica degli oggetti e del modo in cui coesistono nello spazio circostante. Queste relazioni governano concetti come prossimità, orientamento e distanza, svolgendo un ruolo fondamentale nel modo in cui percepiamo e interpretiamo il nostro ambiente. Inoltre, le relazioni temporali incapsulano la dimensione cruciale del tempo, illuminando la sequenza degli eventi e la loro durata. La nostra comprensione del passato, del presente e del futuro si basa sulla delineazione delle relazioni temporali, consentendoci di contestualizzare gli eventi storici e anticipare gli eventi futuri. Inoltre, le relazioni logiche formano una rete di connessioni, che governa la coerenza e la validità del ragionamento all'interno della cognizione umana. Queste relazioni sostengono i principi di inferenza, implicazione e contraddizione, plasmando la struttura degli argomenti logici e il fondamento del pensiero razionale.

Per categorizzare questi diversi tipi di relazioni, è essenziale considerare le loro distinte qualità e implicazioni epistemologiche. Le relazioni spaziali forniscono un quadro per organizzare le nostre esperienze percettive, facilitando la differenziazione tra vicino e lontano, dentro e fuori, sopra e sotto. Questa categorizzazione consente agli individui di affrontare efficacemente l'ambiente circostante e di sviluppare consapevolezza spaziale, contribuendo allo sviluppo di mappe cognitive e rappresentazioni mentali degli spazi fisici. Le relazioni temporali, d'altro canto, stabiliscono un ordine sistematico per eventi e fenomeni, consentendo agli individui di comprendere la progressione del tempo e dare un senso alle narrazioni storiche. Classificando gli eventi cronologicamente o associandoli a specifici intervalli di tempo, le relazioni temporali forgiano una struttura coerente per le esperienze e i ricordi umani. Nel regno delle relazioni logiche, la categorizzazione ruota attorno ai principi di validità, solidità e coerenza. Le relazioni logiche dettano le regole di inferenza e deduzione valide, attribuendo significato alle connessioni tra proposizioni e conclusioni. Attraverso questa categorizzazione, gli individui possono discernere la coerenza degli argomenti e valutare l'affidabilità del ragionamento logico.

Chiarezza e confusione:

La chiarezza si riferisce alla percettibilità e alla qualità evidente di un'idea, fornendo una rappresentazione chiara e inequivocabile nella mente. Locke sottolinea che affinché un'idea sia chiara, deve essere percepita così com'è, senza alcuna confusione o oscurità. Ad esempio, quando si pensa al colore rosso, il concetto evoca un'immagine mentale chiara e distinta che consente un riconoscimento inequivocabile. La distinzione, d'altro canto, riguarda la separatezza e la discrezione delle idee. Nel quadro di Locke, le idee distinte sono quelle che possono essere concepite separatamente senza la confusione delle altre. Ad esempio, l'idea di un triangolo è distinta da quella di un quadrato, poiché rappresentano diverse forme geometriche senza fondersi l'una nell'altra. L'enfasi di Locke sulla definizione di chiarezza e distinzione non solo affina la nostra comprensione dei suoi principi epistemologici, ma illumina anche i criteri in base ai quali le idee vengono valutate per il loro valore cognitivo.

La confusione nasce quando la mente incontra una mancanza di chiarezza o distinzione nelle idee con cui si confronta. Inoltre, l'impatto della confusione si estende oltre il semplice disagio intellettuale; ha il potenziale di ostacolare la nostra capacità di formulare giudizi sensati e acquisire una conoscenza autentica. Questa sezione mira ad approfondire le sfumature della confusione, esplorandone le manifestazioni e le conseguenze di vasta portata che comporta. La confusione può manifestarsi in varie forme, da concetti confusi a distinzioni sfocate tra idee. Quando la chiarezza della percezione è compromessa, gli individui possono avere difficoltà a discernere differenze essenziali, portando ad ambiguità e incertezza intellettuali. Nel regno della filosofia, questo è particolarmente fondamentale, poiché la precisione delle idee costituisce il fondamento dell'indagine razionale e del discorso logico. Inoltre, l'impatto della confusione si ripercuote su tutte le sfaccettature della cognizione umana, influenzando il processo decisionale, la risoluzione dei problemi e la ricerca generale della verità. Le sue ramificazioni sono pervasive e influenzano le prospettive individuali e i paradigmi sociali.

Reale contro fantastico:

1. Definizione di idee reali e fantastiche:
Nell'esaminare il quadro epistemologico di John Locke, un aspetto fondamentale risiede nella distinzione tra idee reali e fantastiche. Le idee reali, secondo Locke, derivano dall'esperienza sensoriale diretta o dalla riflessione sulle proprie operazioni mentali. Sono radicate nella realtà empirica che ci circonda e la loro esistenza si allinea con il mondo esterno. D'altro canto, le idee fantastiche sono prodotti della mente che non hanno una chiara corrispondenza con nulla di presente nel mondo esterno. Queste idee spesso derivano da interpretazioni errate, esagerazioni o confusione riguardo alle esperienze sensoriali, portando a ciò che Locke ha definito "chimere", creazioni della mente senza alcuna base nella realtà. Locke sottolinea l'importanza di differenziare queste due categorie in quanto costituisce la pietra angolare della

costruzione della conoscenza e della comprensione dei limiti della cognizione umana.

2. Criteri per distinguere la realtà nelle idee:

Per distinguere tra idee reali e fantastiche, Locke stabilisce vari criteri che aiutano a discernere la realtà all'interno delle nostre idee. Il primo criterio riguarda la fonte delle idee. Le idee reali, secondo Locke, derivano dall'esperienza effettiva, sia attraverso la sensazione che la riflessione. Sono fondate su prove empiriche e hanno una base nel mondo esterno. D'altro canto, le idee fantastiche hanno origine da costrutti interni come l'immaginazione, le supposizioni o semplici disposizioni fantastiche senza oggetti corrispondenti nella realtà.

Un altro criterio critico è la coerenza con i fenomeni osservabili. Le idee reali si allineano con l'ordine naturale e sono coerenti con le leggi della natura. Esse mostrano coerenza e possono essere osservate o convalidate attraverso l'indagine empirica. Le idee fantastiche, tuttavia, spesso mancano di coerenza con la realtà osservabile e possono comportare contraddizioni o impossibilità quando vengono esaminate in relazione al mondo naturale.

Inoltre, il criterio di chiarezza gioca un ruolo significativo nel distinguere la realtà nelle idee. Le idee reali sono caratterizzate da chiarezza e distinzione. Rappresentano particolari qualità e caratteristiche percepite direttamente attraverso esperienze sensoriali. Al contrario, le idee fantastiche possono mancare di chiarezza e distinzione, essendo invenzioni confuse o costrutti fantasiosi che non si allineano con la vividezza e le proprietà evidenti delle percezioni genuine.

D'altro canto, un criterio essenziale per discernere la realtà nelle idee è la loro associazione con cause ed effetti dimostrabili. Le idee reali sono radicate in interazioni causali e possono essere ricondotte alle loro origini nella catena di causalità. Esse mostrano la capacità di generare effetti prevedibili e possono essere spiegate in termini di meccanismi causali. Le idee fantastiche, al contrario, spesso mancano di fondamento causale ed esistono come fabbricazioni scollegate senza apparenti collegamenti causali o potere esplicativo.

Il criterio di conformità alla ragione serve come strumento cruciale per distinguere la realtà nelle idee. Le idee reali si armonizzano con i principi razionali e la coerenza logica. Possono resistere all'esame e all'analisi logica, allineandosi ai dettami del ragionamento sano. Le idee fantastiche, tuttavia, possono mancare di fondamento razionale e possono virare nel regno dell'irrazionale, sfidando la coerenza logica e l'indagine ragionata.

3. Implicazioni dell'identificazione errata di idee fantastiche:

L'identificazione errata di idee fantastiche può avere ripercussioni sulla percezione della realtà di un individuo e sulla sua comprensione del mondo. Quando si confondono idee che non hanno alcuna corrispondenza con la realtà esterna con concetti genuini, derivati empiricamente, si verifica una distorsione nella comprensione della verità. Questa identificazione errata può ostacolare l'indagine razionale e impedire la ricerca della conoscenza. Inoltre, può generare convinzioni e percezioni errate che influenzano il processo decisionale e il giudizio. Le conseguenze si estendono oltre la cognizione personale fino alle implicazioni sociali. Se le idee fantastiche vengono ampiamente scambiate per reali, possono influenzare ideologie collettive, narrazioni culturali e persino la formazione delle politiche. Ciò potrebbe portare a risultati dannosi sia a livello individuale che sociale, perpetuando idee sbagliate e ostacolando il progresso.

Adeguatezza delle idee:

1. Definire l'adeguatezza nel regno delle idee:

Nella sua esplorazione del regno delle idee, Locke approfondisce meticolosamente i parametri che definiscono l'adeguatezza delle idee, sottolineando l'importanza fondamentale della chiarezza e della distinzione. Centrale nel quadro filosofico di Locke è la nozione che le idee adeguate devono possedere un livello di chiarezza che consenta una chiara apprensione cognitiva. Ciò implica che la mente dovrebbe essere in grado di comprendere l'idea senza confusione o oscurità, consentendo una comprensione trasparente del suo contenuto.

Inoltre, Locke sostiene che la distinzione è un criterio essenziale per l'adeguatezza dell'idea, affermando che un'idea chiara deve essere nettamente separata da tutte le altre idee, mantenendo così la propria identità unica nel regno della comprensione umana. Tali distinzioni sono cruciali per evitare confusioni o conflazioni tra idee disparate, garantendo così l'integrità e la fedeltà delle rappresentazioni cognitive.

L'analisi meticolosa di Locke sottolinea l'importanza di questi parametri, gettando luce sulla natura dell'adeguatezza delle idee all'interno del panorama intellettuale umano. Attraverso la sua meticolosa dissezione degli attributi definitori dell'adeguatezza, Locke invita i lettori ad apprezzare il delicato equilibrio richiesto per ottenere idee che soddisfino i criteri di chiarezza e distinzione, migliorando così la qualità complessiva e la coerenza della comprensione umana.

2. I limiti della comprensione umana:

La comprensione umana, pur essendo una facoltà notevole, non è priva di limiti. Locke espone la nozione che la nostra capacità di afferrare pienamente idee complesse è circoscritta dai confini della nostra percezione ed esperienza.

D'altra parte, la nostra cognizione si basa sui nostri input sensoriali e sui modi in cui elaboriamo e interpretiamo questi stimoli. Questa prospettiva spinge a esaminare i vincoli intrinseci della nostra cognizione. Una limitazione deriva dalla natura finita dell'esperienza umana; la nostra comprensione è limitata ai regni di ciò che abbiamo incontrato o possiamo concettualizzare in base alle nostre esperienze immediate. Questo punto di vista ristretto limita intrinsecamente l'ampiezza e la profondità della nostra comprensione. Inoltre, l'architettura del linguaggio e le strutture concettuali all'interno delle quali operiamo presentano un altro livello di restrizione. Le parole e i concetti sono spesso imprecisi e subordinati all'accordo comune, limitando la precisione con cui le idee possono essere trasmesse e comprese.

Il ragionamento astratto pone sfide significative. Come osserva acutamente Locke, la capacità della mente di confrontarsi con idee astratte e complesse richiede un impegno rigoroso e spesso supera i limiti della cognizione umana. La prevalenza di fallacie e pregiudizi cognitivi sottolinea ulteriormente i limiti della nostra comprensione. Questi pregiudizi e tendenze irrazionali ostacolano il raggiungimento di una conoscenza oggettiva e completa. Infine, la perpetua evoluzione della conoscenza stessa contribuisce ai limiti della nostra comprensione. La natura dinamica della conoscenza necessita di un continuo adattamento e introspezione, poiché la nostra comprensione lotta per tenere il passo con il costante afflusso di nuove informazioni.

Veridicità nelle idee: i criteri di verifica di Locke.

1. Criteri preliminari di Locke:
Nel suo trattato, John Locke delinea meticolosamente i criteri fondamentali che servono come cartina tornasole per accettare la veridicità di un'idea. Al centro di questa indagine c'è il primato della chiarezza e della distinzione nel dare forma alla

nostra comprensione della realtà. Locke postula che la condizione fondamentale per riconoscere un'idea come veritiera è la sua capacità di essere percepita in modo chiaro e distinto. Ciò comporta un esame rigoroso delle rappresentazioni mentali che formiamo, assicurandoci che siano libere da ambiguità e confusione. Dando priorità alla chiarezza e alla distinzione, Locke stabilisce uno standard elevato affinché le idee raggiungano la veridicità. Questa posizione critica spinge i lettori a coltivare un'acuta consapevolezza del contenuto cognitivo che incontrano, promuovendo un approccio disciplinato per separare le percezioni genuine dalle invenzioni erronee. Inoltre, sottolineando l'importanza di idee chiare e distinte, Locke stabilisce un quadro all'interno del quale la conoscenza empirica può essere rigorosamente valutata. Questo criterio fondamentale invita gli individui a sottoporre le proprie concezioni a un esame rigoroso, costringendoli a discernere la lucidità e la precisione del loro contenuto mentale.

2. Verifica empirica: l'esperienza come base della verità.

La verifica empirica costituisce la pietra angolare del quadro teorico di John Locke, sottolineando il ruolo fondamentale che l'esperienza svolge nella convalida delle affermazioni di verità. Centrale nell'epistemologia di Locke è la nozione che la conoscenza e la comprensione derivano da esperienze sensoriali e dall'osservazione del mondo esterno. Di conseguenza, la veridicità delle idee è subordinata al loro allineamento con le prove empiriche. Locke sostiene che la mente umana inizialmente opera come una tabula rasa, o "tabula rasa", priva di idee innate e, quindi, tutta la conoscenza ha origine dalla percezione sensoriale. Ciò solleva l'importanza della verifica empirica come meccanismo fondamentale per discernere il valore di verità delle idee. Attraverso l'osservazione, la sperimentazione e l'accumulo di dati empirici, gli individui possono convalidare l'accuratezza e la legittimità delle loro concezioni. Locke sostiene che la conoscenza genuina richiede un fondamento empirico, rifiutando affermazioni infondate che mancano di supporto empirico. Inoltre, sottolinea i limiti intrinseci del ragionamento astratto separato dalla verifica esperienziale, mettendo in guardia contro l'affidamento a costrutti speculativi privi di fondamento empirico. Le implicazioni della verifica empirica risuonano in vari ambiti, tra cui le scienze naturali, dove la convalida sperimentale funge da fondamento dell'indagine scientifica. Inoltre, nel contesto più ampio della conoscenza umana, questo paradigma sottolinea l'imperativo di fondare le asserzioni teoriche su prove empiriche, promuovendo una comprensione rigorosa e fondata del mondo. Inoltre, questa enfasi epistemica sulla verifica empirica spinge l'elevazione di metodologie osservative e sperimentali, facilitando l'attestazione di affermazioni di verità attraverso prove dimostrabili ed empiricamente sostenute.

3. Coerenza razionale e coerenza logica nella verifica:

La coerenza razionale implica l'aderenza di un'idea ai principi della ragione e della logica, assicurando che non contraddica verità stabilite o fatti noti all'interno del quadro della comprensione umana. Questo criterio richiede che un'idea debba armonizzarsi con altre proposizioni e principi, comprendendo così un'integrazione coerente e non conflittuale all'interno dell'ambito più ampio della conoscenza. Di conseguenza, la coerenza razionale di un'idea è fondamentale per convalidarne la validità e contribuire all'edificio generale della conoscenza veritiera. La coerenza logica, d'altro canto, delinea l'armonia interna e la natura non contraddittoria dei componenti e delle implicazioni di un'idea. Riguarda la struttura intrinseca e l'interconnessione dei concetti all'interno dell'idea, richiedendo compatibilità logica e assenza di elementi autodistruttivi. Quindi, esaminando attentamente un'idea per la coerenza logica, diventa possibile valutarne la solidità e l'inclusione giustificata all'interno del regno della conoscenza credibile. Per stabilire la veridicità di un'idea, è indispensabile un esame rigoroso della sua conformità ai precetti razionali e alla congruenza logica. Locke sostiene l'applicazione meticolosa di questi criteri nella valutazione della veridicità delle idee. Riconoscendo che un'idea può soddisfare la verifica empirica ma vacillare sotto l'esame della coerenza razionale e logica, Locke sottolinea l'indispensabilità di questi standard complementari. In sostanza, la convergenza di prove empiriche e coerenza razionale forma un amalgama di verifica in cui le idee sono sottoposte a una valutazione multiforme, sollecitando un processo di convalida robusto e completo. Questo approccio unificato serve a impregnare la conoscenza risultante di una solida base, rafforzata sia dal fondamento esperienziale che dalla coerenza intellettuale.

Capitolo XII
ANALISI DEL LIBRO III – "DELLE PAROLE"

Lingua e le sue funzioni:

1. Funzioni primarie del linguaggio nella cognizione umana:

Il linguaggio, in quanto sistema multiforme di comunicazione ed espressione, svolge un ruolo fondamentale nel plasmare la cognizione e la percezione umana. All'interno del complesso quadro della coscienza umana, il linguaggio funge da veicolo primario attraverso il quale gli individui comprendono e affrontano il mondo che li circonda. Le sue funzioni si estendono ben oltre la mera comunicazione, comprendendo i processi fondamentali di formazione del pensiero, elaborazione delle informazioni e comprensione concettuale.

Una delle funzioni centrali del linguaggio nella cognizione umana è la sua capacità di facilitare l'astrazione e la generalizzazione. Attraverso il linguaggio, gli individui sono in grado di articolare concetti astratti, categorizzare esperienze e formulare principi generali, migliorando così le loro capacità cognitive.

Inoltre, il linguaggio agisce come uno strumento per dare forma e organizzare i pensieri, consentendo agli individui di strutturare le loro rappresentazioni mentali e impegnarsi in ragionamenti di ordine superiore. Questa funzione del linguaggio facilita lo sviluppo di capacità di pensiero critico e la capacità di analizzare problemi complessi.

Inoltre, la lingua funge da meccanismo di trasmissione sociale e culturale, consentendo la conservazione e la diffusione della conoscenza attraverso le generazioni. L'uso della lingua consente il trasferimento di saggezza collettiva, norme culturali e narrazioni storiche, contribuendo così alla continuità e all'evoluzione della conoscenza sociale.

Inoltre, il linguaggio funge da mezzo di introspezione e autoriflessione, fornendo agli individui la capacità di esprimere e articolare i propri pensieri interiori, emozioni e indagini esistenziali. Attraverso il linguaggio, gli individui si impegnano in dialoghi introspettivi, autoanalisi ed esplorazione dell'identità personale, promuovendo una comprensione più profonda di sé e dell'esperienza umana.

2. Collegare il linguaggio al quadro filosofico di Locke:
Al centro della struttura filosofica di Locke c'è il concetto che tutta la conoscenza ha origine da esperienze sensoriali, o "idee", come le chiama lui. Egli postula che la mente umana alla nascita è come una tabula rasa, o tabula rasa, ed è attraverso le esperienze che queste "idee" si formano e la conoscenza viene acquisita. Questo approccio empirico alla comprensione della cognizione umana è alla base delle opinioni di Locke sul linguaggio. Secondo Locke, il linguaggio funge da veicolo attraverso cui gli individui comunicano le loro idee, pensieri ed esperienze, svolgendo così un ruolo fondamentale nell'acquisizione e nella diffusione della conoscenza.

Inoltre, l'affermazione di Locke secondo cui le parole sono meri segni per le idee è strettamente allineata con la sua posizione empirica, sottolineando che il linguaggio serve come strumento per esprimere e trasmettere i nostri pensieri e percezioni interiori. Esaminando "Un saggio sull'intelletto umano", diventa evidente che la relazione tra linguaggio e pensiero è fondamentale nel plasmare la nostra comprensione del mondo. Locke sostiene che le parole sono usate per trasmettere il contenuto dei nostri pensieri e che una comunicazione chiara si basa sulla rappresentazione accurata delle idee attraverso il linguaggio.

Inoltre, la distinzione operata da Locke tra idee semplici e complesse ha un impatto diretto sulla sua visione del linguaggio, poiché egli sostiene che il linguaggio deve essere in grado di esprimere accuratamente queste diverse forme di idee.

Il ruolo della significazione nella comprensione umana:

1. Definizione e concetti di significazione:
Risalente ai tempi antichi, la nozione di segni e simboli significativi ha incuriosito studiosi e pensatori di tutte le civiltà. Dalla semiotica dell'antica Grecia ai discorsi filosofici dell'Europa medievale, l'esplorazione di come i segni trasmettano significato è stata una fonte perenne di ricerca intellettuale.

In termini contemporanei, la significazione comprende il processo attraverso il quale i segni linguistici, come parole e simboli, trasmettono un significato agli individui e facilitano la comunicazione. Questo processo coinvolge non solo la rappresentazione di idee e concetti, ma anche la loro trasmissione da una mente all'altra.

Inoltre, lo studio della significazione ci spinge a considerare la relazione tra i segni e il mondo esterno. In che modo i segni linguistici si relazionano agli oggetti, alle idee o ai fenomeni che rappresentano? Quale ruolo gioca l'interpretazione umana nell'attribuire un significato a questi segni? Queste indagini ci portano a riflettere sulla natura della rappresentazione e sui modi in cui il linguaggio media il nostro impegno con la realtà.

L'esplorazione dell'evoluzione storica del concetto di significazione ne rivela l'importanza in vari ambiti. Che si tratti di retorica, logica o semantica, la comprensione di come i segni acquisiscono e trasmettono significato è stata fondamentale per le ricerche accademiche. Inoltre, l'avvento di moderni campi interdisciplinari, come la scienza cognitiva e gli studi sulla comunicazione, sottolinea la continua rilevanza della significazione nel discorso accademico contemporaneo.

2. Meccanismi di significazione nel miglioramento della cognizione umana:

La significazione funge da perno che collega il linguaggio al pensiero, svolgendo un ruolo fondamentale nel dare forma e organizzare i nostri concetti mentali. Al centro, la significazione fornisce il meccanismo attraverso cui i simboli astratti sono collegati a oggetti concreti, consentendo la trasmissione e l'acquisizione di conoscenze e idee. La significazione opera come uno strumento cognitivo facilitando la conversione di esperienze sensoriali e percezioni in rappresentazioni mentali significative. Attraverso questo processo, i simboli linguistici astratti, come parole e segni, acquisiscono la capacità di incapsulare nozioni, idee e concetti complessi. Di conseguenza, il processo di significazione consente agli individui di esprimere e comunicare i propri pensieri ed esperienze con precisione e sfumatura, contribuendo così alla ricchezza e alla profondità della cognizione umana.

Inoltre, la rete di associazioni e connessioni formata attraverso la significazione consente agli individui di categorizzare e classificare mentalmente le informazioni, portando allo sviluppo di quadri cognitivi per organizzare e comprendere il mondo. Questo aspetto organizzativo della significazione non solo aiuta nella conservazione e nel recupero delle informazioni, ma costituisce anche la base per il pensiero di ordine superiore, la risoluzione dei problemi e l'analisi critica. Il ruolo multiforme della significazione nel plasmare la cognizione umana è ulteriormente evidente nella sua capacità di promuovere il pensiero e il ragionamento astratti. Incapsulando concetti complessi e astratti all'interno di simboli linguistici, la significazione facilita la manipolazione e la contemplazione di costrutti teorici e ipotetici. Questo salto cognitivo dal concreto all'astratto è fondamentale nello sviluppo di processi cognitivi avanzati, consentendo agli individui di impegnarsi in ragionamenti complessi, concettualizzazioni ed esplorazioni intellettuali.

La significazione agisce come canale attraverso cui la conoscenza culturale e sociale viene trasmessa e preservata, favorendo l'apprendimento e la comprensione collettiva all'interno delle comunità. La comprensione e la padronanza della significazione emergono quindi come componenti indispensabili dello sviluppo cognitivo, svolgendo un ruolo centrale nel plasmare la ricchezza e la complessità del pensiero e della comprensione umana.

3. L'interrelazione tra significazione e comprensione:
Nel suo nucleo, l'interrelazione tra significazione e comprensione riflette il legame fondamentale tra linguaggio e pensiero. Il linguaggio funge da mezzo primario attraverso cui concetti, idee ed esperienze vengono comunicati e compresi. Attraverso l'uso di segni e simboli, gli individui sono in grado di incapsulare nozioni astratte e trasmetterle ad altri, favorendo così una comprensione condivisa del mondo. Inoltre, l'atto di significare oggetti, eventi o idee attraverso il linguaggio genera un quadro strutturato all'interno del quale si svolgono comprensione e interpretazione.

Inoltre, l'interrelazione tra significazione e comprensione si estende oltre la mera trasmissione di informazioni; comprende la capacità intrinseca del linguaggio di modellare e influenzare la percezione. Le sfumature incorporate nelle espressioni linguistiche contribuiscono alla costruzione di rappresentazioni mentali e quadri concettuali che sostengono la cognizione umana. Di conseguenza, il processo di significazione esercita un impatto sulla formazione di costrutti cognitivi, illuminando la sinergia tra linguaggio e meccanismi di comprensione.

Nell'esplorazione di questa interrelazione, diventa evidente che la natura dinamica della significazione informa e migliora continuamente il tessuto della comprensione umana. In particolare, le dimensioni multiformi della capacità del linguaggio di significare impregnano l'apparato cognitivo di diverse prospettive e lenti interpretative. Sia attraverso le connotazioni evocate da specifiche scelte di parole o le associazioni semantiche legate a costrutti linguistici, la significazione si pone come un catalizzatore strumentale nel promuovere un ricco panorama di comprensione e intuizione.

L'interrelazione tra significazione e comprensione sottolinea la reciprocità tra linguaggio e cognizione, in cui l'atto di significare non solo riflette i processi cognitivi esistenti, ma influenza anche attivamente il loro sviluppo. Il linguaggio agisce come un veicolo per l'acquisizione di conoscenza, generando una relazione simbiotica con le facoltà cognitive responsabili della percezione, dell'interpretazione e della sintesi delle informazioni. In quanto tale, l'interazione tra significazione e comprensione incarna una connessione simbiotica che permea il tessuto stesso del pensiero e della comunicazione umana.

Termini generali e loro implicazioni:

1. Termini generali: ambito e utilizzo.
I termini generali, noti anche come idee generali o astratte, comprendono un'ampia gamma di esperienze e fenomeni, consentendo agli individui di categorizzare e comprendere i diversi aspetti del loro ambiente. La formazione di termini generali è radicata nella capacità della mente umana di astrarre da istanze particolari e riconoscere elementi comuni tra loro. Locke postula che i termini generali sono fondamentali per l'articolazione del pensiero e svolgono un ruolo cruciale nella comunicazione linguistica.

Esaminando la portata dei termini generali, diventa evidente che essi servono come strumenti cognitivi per organizzare ed elaborare informazioni complesse. Incapsulando numerose esperienze individuali sotto un singolo termine, gli individui possono trasmettere e comprendere in modo efficiente concetti diversi. Questo processo di classificazione facilita la semplificazione e la trasmissione della conoscenza, rendendo possibile alle persone di impegnarsi in discorsi significativi e scambiare idee con gli altri. Inoltre, l'uso di termini generali consente lo sviluppo di sistemi di conoscenza completi, consentendo agli individui di costruire quadri coerenti per comprendere il mondo che li circonda.

Oltre al loro significato cognitivo, l'uso di termini generali comprende un'ampia gamma di applicazioni in vari domini. Dalle discussioni filosofiche alle conversazioni quotidiane, questi termini costituiscono la base della comprensione condivisa e della comunicazione efficiente. Attraverso l'uso di termini generali, gli individui possono impegnarsi in sofisticati scambi intellettuali, deliberando su concetti astratti e quadri teorici. Inoltre, nell'ambito della scienza, i termini generali facilitano la formulazione e la diffusione di teorie, principi e risultati empirici.

2. Implicazioni cognitive dell'applicazione generale dei termini:

Quando gli individui impiegano termini generali per categorizzare varie entità o concetti, si impegnano in un processo mentale di astrazione, in cui istanze specifiche sono incapsulate sotto un'etichetta unificata. Questo atto cognitivo consente l'elaborazione semplificata delle informazioni, consentendo agli individui di comprendere idee complesse attraverso l'uso di termini sovraordinati. Inoltre, l'applicazione di termini generali facilita l'organizzazione della conoscenza, poiché aiuta a creare categorie e gerarchie mentali, portando a quadri cognitivi coerenti.

L'uso di termini generali influenza anche lo sviluppo cognitivo, in particolare nella prima infanzia. Quando i bambini acquisiscono il linguaggio e diventano abili nell'uso di termini generali per denotare oggetti, azioni o qualità, stanno essenzialmente costruendo mappe mentali del mondo. Attraverso questo esercizio cognitivo, imparano a discernere somiglianze e differenze tra diversi stimoli, favorendo lo sviluppo di capacità di categorizzazione e flessibilità cognitiva. Inoltre, la frequente esposizione a termini generali nelle interazioni linguistiche supporta il perfezionamento dei processi cognitivi correlati alla memoria, all'attenzione e alle capacità di risoluzione dei problemi, contribuendo in ultima analisi alla crescita cognitiva olistica.

Nel discorso filosofico, l'applicazione di termini generali è fondamentale nell'analisi concettuale e nell'argomentazione. I filosofi utilizzano questi termini per illustrare principi universali, costruire quadri astratti e articolare teorie. Utilizzando efficacemente i termini generali, i filosofi possono esporre concetti filosofici complessi e facilitare discussioni significative. Tuttavia, è fondamentale riconoscere le potenziali insidie associate all'uso impreciso di termini generali, poiché potrebbero sorgere ambiguità o interpretazioni errate, impedendo la chiarezza e la coerenza dei dibattiti filosofici.

I nomi delle idee semplici:

Le idee semplici costituiscono il fondamento della nostra comprensione, fungendo da mattoni su cui vengono costruite nozioni più complesse. Basate su esperienze percettive e impressioni sensoriali, le idee semplici comprendono gli elementi rudimentali del pensiero che consentono la comprensione del mondo che ci circonda. Funzionano come la materia prima da cui è scolpito l'edificio della conoscenza umana, catturando l'essenza delle nostre riflessioni più intime e delle nostre osservazioni esterne.

Il ruolo fondamentale delle idee semplici si estende oltre le loro singole manifestazioni, risuonando profondamente all'interno dell'apparato cognitivo. Come costrutti mentali derivanti da incontri diretti con il regno fisico ed esperienziale, queste idee rappresentano l'interfaccia attraverso la quale ci relazioniamo con l'ambiente circostante. La loro innata semplicità smentisce il loro impatto sull'architettura della coscienza, plasmando i contorni del nostro panorama concettuale e influenzando il modo in cui articoliamo e affrontiamo i nostri pensieri.

D'altra parte, la chiarezza concettuale offerta dalle idee semplici genera un quadro di comprensione e comunicazione, gettando le basi per la costruzione del linguaggio e la trasmissione della conoscenza. Catturando elementi discreti dell'esperienza, queste idee facilitano la delineazione e la classificazione dei fenomeni, favorendo lo sviluppo di lessici che consentono l'articolazione e la diffusione di contenuti cognitivi. Inoltre, la particolarità delle idee semplici coltiva un vocabolario condiviso che costituisce la base per la comprensione e il discorso collettivi, generando un quadro di riferimento comune per lo scambio di pensieri ed esperienze. In quanto tale, la coerenza e la funzionalità delle strutture sociali e intellettuali dipendono dalla perspicuità e dall'efficacia comunicativa di questi costituenti fondamentali.

Modalità e relazioni miste:

All'interno del quadro concettuale di Locke delle modalità miste, incontriamo un complesso gioco di idee che non sono né del tutto semplici né distintamente sostanziali. A differenza delle idee semplici, che derivano direttamente dalla sensazione o dalla riflessione, le modalità miste implicano la combinazione e la ricostituzione di più idee semplici per formare nuovi concetti più complessi. In quanto tali, le modalità miste spesso comprendono nozioni astratte, rappresentazioni di azioni o comportamenti e costrutti mentali compositi che non possono essere direttamente ricondotti a singole esperienze sensoriali.

Una caratteristica fondamentale delle mixed mode è la loro dipendenza dalla facoltà umana dell'immaginazione. Attraverso la facoltà dell'immaginazione, gli individui hanno la capacità di fondere, modificare e riconfigurare idee semplici per costruire nuove immagini e concetti mentali. Questo processo di sintesi mentale consente la formazione di mixed mode che vanno oltre i confini immediati della percezione sensoriale diretta, consentendo la rappresentazione di scenari ipotetici, entità fittizie e stati dell'essere idealizzati.

Inoltre, le modalità miste spesso servono come elementi costitutivi per l'articolazione di varie relazioni all'interno del linguaggio e del pensiero. Queste relazioni si estendono oltre il regno dei semplici termini descrittivi e delle sostanze tangibili, comprendendo connessioni dinamiche tra idee, azioni e concetti morali. Incapsulando queste interconnessioni, le modalità miste facilitano l'espressione di esperienze umane sfumate, dilemmi etici e costrutti sociali che sono intrinsecamente complessi e sfaccettati.

L'enfasi di Locke sulla comprensione delle caratteristiche dei modi misti deriva dal suo riconoscimento del ruolo fondamentale che svolgono nel plasmare i nostri quadri cognitivi e linguistici. Pertanto, diventa imperativo differenziare i modi misti da idee e sostantivi semplici, riconoscendo la loro natura distinta e il modo sfumato in cui contribuiscono alla nostra capacità di pensiero astratto e comunicazione.

Significati sostanziali:

1. Sostanza: attributi principali e categorizzazione.

Dagli antichi Greci ai pensatori fondatori della filosofia moderna, la nozione di sostanza è stata sottoposta a un esame approfondito. Aristotele, ad esempio, ha delineato la sostanza come l'essenza o la natura sottostante delle cose, distinta dalle loro proprietà e qualità. Questa prospettiva ontologica ha gettato le basi per un'ulteriore esplorazione della natura delle sostanze.

Nel discorso filosofico contemporaneo, la categorizzazione delle sostanze implica un approccio multiforme che considera proprietà fisiche, chimiche e metafisiche. Gli aspetti fisici comprendono attributi tangibili come massa, volume e densità, mentre le proprietà chimiche approfondiscono la composizione elementare e le strutture molecolari delle sostanze. Inoltre, la dimensione metafisica approfondisce le caratteristiche esistenziali e astratte che definiscono le sostanze al di là delle loro manifestazioni materiali.

Un aspetto integrante della definizione di sostanza risiede nella delineazione di categorie basate su criteri specifici. Questi criteri si estendono oltre le proprietà fisiche e chimiche per comprendere considerazioni più ampie, come la distinzione tra qualità primarie e secondarie. Le qualità primarie, come concettualizzate da filosofi come John Locke, sono proprietà intrinseche inerenti alle sostanze, tra cui estensione, forma e mobilità. Al contrario, le qualità secondarie sono percepite attraverso esperienze sensoriali, che comprendono attributi come colore, gusto e odore.

Addentrandosi ulteriormente nel regno della categorizzazione, il discorso filosofico sulla sostanza comprende discussioni riguardanti la distinzione tra sostanze materiali e immateriali. Mentre le sostanze materiali appartengono a entità tangibili con presenza fisica, le sostanze immateriali introducono una dimensione metafisica che si estende oltre i vincoli materiali. Questa ampia categorizzazione chiarisce la profondità e la diversità delle sostanze, offrendo spunti sui loro diversi fondamenti ontologici e sulle manifestazioni esistenziali.

2. Esplorazione semantica:

Il linguaggio non solo consente la comunicazione, ma svolge anche un ruolo cruciale nel plasmare la nostra comprensione del mondo. In questa sezione, approfondiamo la relazione tra i nomi e le nostre percezioni delle sostanze. Il modo in cui nominiamo e categorizziamo le sostanze può avere un impatto significativo sul modo in cui le percepiamo e interagiamo con esse.

Lo studio della semantica svela i modi in cui i nomi delle sostanze portano connotazioni culturali, storiche e sociali. Che si tratti delle sottili sfumature racchiuse nei nomi degli elementi naturali o del simbolismo culturale racchiuso nelle denominazioni delle sostanze create dall'uomo, ogni etichetta linguistica contribuisce alla nostra comprensione collettiva del mondo fisico.

Inoltre, l'evoluzione dinamica del linguaggio riflette i cambiamenti negli atteggiamenti umani verso le sostanze, gettando luce su valori culturali, credenze e quadri concettuali. Ad esempio, la trasformazione semantica di certi nomi di sostanze nel tempo può sottolineare i cambiamenti sociali nei progressi tecnologici, nella consapevolezza ecologica o persino nelle prospettive spirituali.

La ricerca in linguistica cognitiva e psicologia illumina come la categorizzazione lessicale delle sostanze influenzi i modelli di pensiero umani e le associazioni cognitive. Il processo di denominazione ed etichettatura delle sostanze modella non solo le nostre rappresentazioni linguistiche, ma anche i nostri schemi mentali e filtri percettivi.

Astratto vs. Concreto:

La demarcazione tra termini astratti e concreti è al centro dell'analisi linguistica, che si addentra nel nocciolo dell'espressione e della comunicazione umana. Per comprendere questa dicotomia fondamentale, è fondamentale tracciare le origini e le definizioni di questi termini, esaminandone il significato nel dare forma alle strutture linguistiche e al discorso filosofico. I termini astratti racchiudono concetti e idee immateriali, spesso trascendendo i limiti della fisicità e della materialità. Includono nozioni come amore, giustizia e verità, che sono intrinsecamente concettuali e prive di forma palpabile. Al contrario, i termini concreti incarnano entità fisiche e fenomeni tangibili, comprendendo oggetti ed esperienze sensoriali che possono essere direttamente percepiti o misurati.

Le imperfezioni del linguaggio:

1. Ambiguità intrinseche:
In ogni lingua, un labirinto di ambiguità attende gli incauti, gettando dubbi sulla certezza della comunicazione. I sinonimi, quei presunti sostituti l'uno dell'altro, spesso rivelano sottili divergenze di significato, portando a confusione piuttosto che a chiarezza. Prendiamo, ad esempio, la varianza tra "astuto" e "intelligente", o "felice" ed "esaltato", dove le distinzioni potrebbero non essere sempre immediatamente evidenti. Allo stesso modo, gli omonimi aggiungono un ulteriore livello di complessità, poiché parole come "pipistrello" (il mammifero volante) e "pipistrello" (lo strumento utilizzato negli sport) creano il potenziale per un'interpretazione errata involontaria. La natura polisemica di molte parole esacerba ulteriormente le incertezze linguistiche, poiché una singola parola può avere significati multipli, a volte contrastanti, in base al contesto. Queste molteplicità perpetuano lo spettro

dell'incomprensione, poiché gli individui lottano per discernere il significato previsto da un mare di potenziali interpretazioni.

2. Dissonanze cognitive:

La cattiva comunicazione, conseguenza inevitabile delle imperfezioni linguistiche, esercita un'influenza sull'esperienza umana. In sostanza, la dissonanza cognitiva nasce dall'incongruenza tra significato intenzionale e interpretazione, spesso dando luogo a incomprensioni che possono avere effetti di vasta portata.

Nel linguaggio, la dissonanza cognitiva emerge come una sfida persistente, che impedisce una comunicazione efficace e distorce lo scambio di idee. Quando gli individui non riescono a cogliere il significato previsto di un messaggio a causa di ambiguità linguistiche o interpretazioni contrastanti, la dissonanza cognitiva mette radici, portando a discordia e frustrazione. Inoltre, questo fenomeno permea contesti diversi, dalle relazioni interpersonali agli ambienti professionali, amplificando il potenziale di conflitto e ostacolando gli sforzi collaborativi.

Inoltre, le ripercussioni della dissonanza cognitiva si estendono oltre le interazioni immediate, permeando dinamiche sociali più ampie. Nel regno della governance e della diplomazia, la cattiva comunicazione può seminare semi di sfiducia e animosità, gettando le basi per impasse diplomatiche e tensioni geopolitiche. All'interno delle gerarchie organizzative, l'interpretazione errata di direttive o politiche può precipitare inefficienze sistemiche ed erodere il morale dei dipendenti, incidendo in ultima analisi sull'efficacia istituzionale.

La dissonanza cognitiva rappresenta un ostacolo formidabile alla ricerca della conoscenza e della verità, poiché genera un panorama irto di incomprensioni e prospettive divergenti. Nel discorso accademico, l'interpretazione errata del lavoro accademico può generare conclusioni errate e impedire il progresso della comprensione umana. Allo stesso modo, nel discorso pubblico, le comunicazioni errate perpetuano idee sbagliate che ostacolano il processo decisionale informato e il progresso sociale.

Uso improprio e abuso delle parole:

1. Identificazione delle appropriazioni linguistiche indebite:
Il linguaggio, in quanto mezzo di comunicazione umana, è spesso vulnerabile all'appropriazione indebita. In vari contesti, le parole possono essere usate intenzionalmente o meno in modo improprio, portando a una pletora di implicazioni e conseguenze. È fondamentale distinguere tra spostamenti semantici, in cui il significato di una parola si evolve nel tempo a causa di processi linguistici naturali, e manipolazioni deliberate volte a distorcere o sfruttare il significato previsto di determinati termini. Gli spostamenti semantici si verificano naturalmente man mano che le lingue si evolvono, con le parole che assumono nuove connotazioni o sfumature che differiscono dal loro uso originale. D'altro canto, le manipolazioni intenzionali comportano una distorsione intenzionale del linguaggio per motivi personali, politici o retorici. Queste manipolazioni possono variare da sottili alterazioni della connotazione a vere e proprie falsità o propaganda.

Esplorare i vari contesti in cui le parole vengono usate in modo improprio è fondamentale per comprendere le appropriazioni indebite linguistiche. Che si verifichi nelle conversazioni quotidiane, nelle rappresentazioni mediatiche, nella retorica politica o nella pubblicità, l'uso improprio del linguaggio può avere impatti di vasta portata sulle percezioni individuali, sulle dinamiche sociali e persino sull'elaborazione delle politiche. Esaminando e identificando i casi di appropriazioni indebite linguistiche, gli individui possono sviluppare una consapevolezza critica di come il linguaggio viene manipolato e proteggersi da potenziali disinformazioni o manipolazioni.

Inoltre, riconoscere le motivazioni dietro l'uso improprio delle parole può fornire spunti sulle intenzioni o gli obiettivi sottostanti di coloro che perpetrano appropriazioni linguistiche indebite. Questa comprensione potrebbe fungere da base fondamentale per sviluppare strategie per contrastare tale uso improprio e proteggere l'integrità del linguaggio nel plasmare comunicazioni e discorsi significativi all'interno della società.

2. Gli impatti dell'uso improprio e dell'abuso delle parole:
L'uso improprio e l'abuso delle parole possono avere ramificazioni sulla comprensione individuale, sul discorso sociale e persino sul tessuto della governance. Quando le parole vengono utilizzate con noncuranza o deliberatamente distorte, perdono il loro potere di trasmettere il significato in modo accurato, con conseguente incomprensione e confusione. Nel regno del discorso pubblico, come la politica e i media, l'uso improprio intenzionale delle parole può manipolare le percezioni, influenzare le opinioni e seminare semi di incomprensione all'interno delle comunità. Le conseguenze di queste trasgressioni linguistiche non sono limitate al contesto immediato; hanno il potenziale di riverberare attraverso la storia, plasmando atteggiamenti e decisioni politiche per generazioni.

A livello interpersonale, l'appropriazione indebita di parole può minare la fiducia e creare fratture tra gli individui. Quando si abusa del linguaggio, si alimenta un ambiente di scetticismo e dubbio, erodendo le fondamenta di una comunicazione onesta. Inoltre, nelle attività intellettuali e negli sforzi accademici, l'applicazione errata della terminologia può portare a idee sbagliate e conclusioni errate, ostacolando il progresso e ostacolando l'avanzamento della conoscenza.

L'impatto sociale dell'uso improprio delle parole non può essere trascurato, poiché permea vari aspetti dell'interazione umana. In contesti legali, l'interpretazione precisa del linguaggio è fondamentale e qualsiasi travisamento può compromettere l'amministrazione della giustizia. Inoltre, nell'istruzione, l'uso o la comprensione scorretti di termini chiave possono impedire l'apprendimento e ostacolare il successo accademico. È essenziale riconoscere che gli effetti delle appropriazioni indebite linguistiche si estendono oltre la mera semantica, infiltrandosi nel nucleo delle interazioni umane e delle operazioni istituzionali.

Comprendere la gravità di questi impatti richiede vigilanza e misure proattive per contrastare l'uso improprio e l'abuso delle parole. Riconoscere l'importanza di una comunicazione chiara e accurata diventa imperativo per salvaguardare l'integrità del linguaggio. Le strategie volte a promuovere la precisione linguistica, come l'educazione alle sfumature semantiche e alle capacità di pensiero critico, possono fornire agli individui gli strumenti per discernere e resistere all'uso manipolativo del linguaggio. La collaborazione tra linguisti, comunicatori, decisori politici ed educatori può facilitare lo sviluppo di linee guida e protocolli per rilevare e affrontare le cattive pratiche linguistiche in diversi contesti.

Inoltre, promuovere una cultura che valorizzi l'integrità nell'espressione e sostenga gli standard etici nella condotta linguistica può fungere da baluardo contro la proliferazione dell'uso improprio delle parole. Illuminando le ramificazioni di vasta portata delle trasgressioni linguistiche e sostenendo attivamente la chiarezza e la veridicità nella comunicazione, gli impatti negativi dell'uso improprio e dell'abuso delle parole possono essere mitigati, aprendo la strada a una società più informata, coesa e resiliente.

Misure correttive:

Nel tentativo di promuovere la precisione e ridurre al minimo i malintesi nell'uso quotidiano della lingua, è possibile impiegare una serie di strategie. In primo luogo, la promozione di capacità di ascolto attivo può migliorare significativamente la chiarezza. Coinvolgendo attentamente le espressioni degli altri, gli individui possono chiarire i punti di potenziale confusione e assicurarsi di aver compreso accuratamente il messaggio previsto. Inoltre, è fondamentale coltivare capacità di comunicazione chiare e concise. Incoraggiare gli individui a esprimersi in modo diretto può ridurre notevolmente la probabilità di ambiguità o interpretazioni errate. Inoltre, l'uso di esempi e illustrazioni concrete può fungere da potente strumento per migliorare la chiarezza, poiché fornisce riferimenti tangibili ai significati trasmessi. Inoltre, incoraggiare gli individui a cercare chiarimenti quando non sono certi del significato di termini o concetti può affrontare efficacemente le carenze linguistiche. Infine, l'incorporazione di meccanismi di feedback all'interno degli scambi di comunicazione può facilitare l'identificazione e la rettifica di qualsiasi caso di ambiguità o vaghezza, contribuendo così a migliorare l'accuratezza linguistica.

Capitolo XIII
ANALISI DEL LIBRO IV – "CONOSCENZA E OPINIONE"

Conoscenze in generale:

1. Ambito e terminologia:
La concettualizzazione della conoscenza di John Locke è profondamente radicata nel discernimento delle distinzioni tra idee e percezioni. Per Locke, la conoscenza è la percezione dell'accordo o del disaccordo di due idee, che costituisce un processo mentale che si impegna con nozioni derivate da esperienze sensoriali e riflessione. Questa comprensione suggerisce che la conoscenza è intrinsecamente intrecciata con le operazioni cognitive che mediano tra le nostre interazioni con il mondo esterno e i nostri processi di pensiero interni.

Inoltre, l'esplorazione di Locke della conoscenza come prodotto di questi meccanismi mentali illumina l'equilibrio critico tra stimoli empirici e facoltà interpretative della coscienza umana. Per comprendere appieno i criteri di Locke per la conoscenza, è imperativo approfondire la natura multiforme di idee e percezioni. Le idee, secondo Locke, sono gli oggetti del pensiero, incluso tutto ciò di cui la mente si occupa nelle sue attività percettive e riflessive.

D'altro canto, le percezioni denotano gli input immediati derivati da esperienze sensoriali o contemplazioni interne. Lo scambio tra idee e percezioni funge da fondamento per la costruzione della conoscenza all'interno della filosofia di Locke, sottolineando l'interazione dinamica tra stimoli esterni e operazioni mentali interne. La distinzione sfumata di Locke tra idee e percezioni chiarisce le sottili complessità coinvolte nella formulazione e convalida delle affermazioni di conoscenza. Inoltre, approfondire l'ambito e la terminologia della conoscenza consente un esame della ricchezza concettuale incorporata nel quadro epistemologico di Locke.

2. I criteri di Locke per la conoscenza:

Locke afferma che la vera conoscenza deriva dalle impressioni derivate dalle esperienze sensoriali, sottolineando così la natura empirica della comprensione umana. I suoi criteri per la conoscenza comprendono le nozioni di empirismo, razionalismo e limiti della cognizione umana. Attraverso la sua esposizione approfondita, Locke delinea la necessità di idee chiare e distinte come elementi costitutivi della conoscenza. Queste idee devono avere origine da esperienze sensoriali dirette o essere derivate da esse tramite ragionamento logico.

Inoltre, Locke sottolinea l'importanza della coerenza e della consistenza nelle percezioni come elementi essenziali per la formazione di una conoscenza autentica. Esponendo questi criteri, Locke non solo plasma i principi fondamentali della conoscenza, ma implica anche il ruolo della mente e la sua connessione con la realtà esterna. La natura multiforme dei criteri di conoscenza lockeani invita gli studiosi contemporanei a impegnarsi in un discorso continuo sulla natura della conoscenza e sulla sua acquisizione. Sfida i pensatori a riflettere sull'interazione tra evidenza empirica e pensiero razionale, elevando il discorso sui quadri epistemologici.

L'enfasi di Locke sui limiti della cognizione umana stabilisce un quadro per esaminare i confini della comprensione umana e le basi dello scetticismo. Le sue intuizioni sui criteri per la conoscenza hanno resistito alla prova del tempo e continuano a promuovere l'indagine intellettuale sulla natura della verità, della percezione e della fede. In quanto tali, i criteri per la conoscenza di Locke servono non solo come punto di riferimento storico nello sviluppo dell'epistemologia, ma anche come quadro vivo che spinge le indagini filosofiche contemporanee.

Gradi di conoscenza:

La conoscenza intuitiva riguarda la comprensione immediata e diretta senza la necessità di inferenza o deduzione. Comprende verità evidenti che vengono immediatamente afferrate dalla mente, aggirando la necessità di ulteriori spiegazioni. Al contrario, la conoscenza dimostrativa implica un processo di ragionamento e inferenza, stabilendo verità basate su connessioni dimostrabili tra idee. Questa forma di conoscenza si basa su percezioni chiare e distinte, formando la base per conclusioni logiche. Infine, la conoscenza sensoriale è radicata nel regno empirico, derivata da esperienze sensoriali e osservazioni del mondo esterno. Si basa sulla percezione di oggetti esterni attraverso i sensi, formando il fondamento per la nostra comprensione del mondo fisico.

D'altro canto, la transizione dalla percezione alla ragione costituisce un aspetto fondamentale dell'indagine filosofica. Quando si esplora la comprensione epistemologica, è fondamentale discernere come la conoscenza passi dalle percezioni sensoriali grezze alle razionalizzazioni raffinate. Questa transizione consente l'esame meticoloso dei processi cognitivi coinvolti nell'interpretazione e nella comprensione delle informazioni. L'interazione tra percezione e ragione mette in mostra la complessità della cognizione umana e svela le sfide intrinseche nel distinguere tra esperienze sensoriali immediate e ragionamento astratto.

Comprendere questa transizione è fondamentale per chiarire il concetto di acquisizione della conoscenza e i vari gradi di certezza associati a diverse forme di conoscenza. Incoraggia gli individui a mettere in discussione le loro percezioni iniziali e ad approfondire il ragionamento per scoprire verità e significati nascosti nel tessuto della realtà. Inoltre, la transizione dalla percezione alla ragione funge da pietra angolare nella ricerca della verità filosofica, poiché spinge gli individui a trascendere i confini dell'input sensoriale immediato e ad avventurarsi nel regno dell'inferenza logica e dell'esplorazione concettuale.

L'estensione e i limiti della conoscenza umana:

1. I confini della cognizione umana:
La cognizione umana, pur essendo una capacità notevole, è intrinsecamente limitata dai limiti della mente umana. Al centro della comprensione dei confini della cognizione umana c'è un'esplorazione della natura della comprensione umana stessa. Come esseri umani, le nostre facoltà cognitive ci consentono di comprendere e interpretare il mondo che ci circonda, ma esiste una soglia in cui questa capacità si scontra con la difficoltà di afferrare concetti complessi o astratti.

Per delineare i confini della cognizione umana, è essenziale approfondire i meccanismi fondamentali attraverso cui opera la comprensione. In effetti, l'interazione tra percezione sensoriale, concettualizzazione e ragionamento chiarisce il quadro entro cui funziona la cognizione umana. Tuttavia, mentre avanziamo nel labirinto della conoscenza e delle idee, incontriamo alcune idee che sembrano superare la portata della comprensione umana. Queste nozioni astratte o altamente complesse pongono una sfida significativa al nostro apparato cognitivo, sollevando domande sulla portata della comprensione umana.

Inoltre, sondare i confini della cognizione umana richiede un esame delle limitazioni intrinseche incorporate nella nostra architettura cognitiva. Dai vincoli del linguaggio e della rappresentazione simbolica all'astrazione concettuale, la mente umana incontra barriere che impediscono l'assimilazione senza soluzione di continuità di certi concetti. Inoltre, la transizione da esperienze concrete e tangibili a domini astratti e

teorici richiede spesso una rivalutazione dei confini della cognizione umana, poiché la mente si confronta con l'intangibile
e l'ignoto.

2. Limitazioni epistemologiche:

La cognizione umana, pur essendo uno strumento potente
per comprendere il mondo che ci circonda, non è esente da
limiti. Nella ricerca della conoscenza, è fondamentale riconoscere e analizzare criticamente i limiti intrinseci che modellano il nostro quadro epistemologico. Al centro di questo
esame si trova l'attento esame dei limiti innati che governano
la capacità umana di acquisire conoscenza.

L'indagine filosofica di Locke ci invita a esplorare i confini essenziali che limitano le nostre capacità cognitive e illuminano
le complessità insite nella ricerca della verità. Attraverso l'a-
nalisi introspettiva, ci confrontiamo con i vincoli fondamentali
imposti alla nostra comprensione. Queste restrizioni si mani-
festano sotto forma di percezione sensoriale, linguaggio, con-
dizionamento culturale e quadri concettuali. Mentre ci addentriamo nel labirinto dei vincoli epistemologici, diventa evidente
che le nostre capacità intellettuali sono circoscritte dalle limitazioni intrinseche delle nostre facoltà percettive e dei nostri
processi di ragionamento.

Inoltre, la presenza di queste restrizioni favorisce un ambiente
pieno di paradossi filosofici, spingendoci a mettere in discussione la natura stessa della comprensione umana. Approfondendo le restrizioni epistemologiche non solo si rivela la fra-
gilità della nostra architettura cognitiva, ma si sottolinea anche
la necessità di uno scetticismo giudizioso nella nostra ricerca
della conoscenza.

La realtà della conoscenza: validità e veridicità.

1. Gli standard di convalida della conoscenza:

La convalida della conoscenza è fondamentale nell'epistemologia, poiché ci consente di distinguere tra semplici credenze e credenze giustificate e vere. In sostanza, la conoscenza valida trasmette l'idea che una credenza sia ben fondata, supportata da prove sufficienti e in linea con la realtà oggettiva. Filosoficamente, le prospettive sulla convalida variano, con diverse scuole di pensiero che postulano criteri distinti per convalidare la conoscenza. I razionalisti sostengono che la conoscenza deriva da idee innate o dalla ragione, sottolineando il ruolo della logica e del ragionamento a priori nella convalida delle proposizioni. Gli empiristi, d'altro canto, affermano che la conoscenza deriva dall'esperienza sensoriale, sostenendo la prova empirica come criterio primario per convalidare le credenze. Inoltre, gli scettici sfidano gli standard tradizionali di convalida, mettendo in dubbio la possibilità di una certa conoscenza.

2. L'interazione tra percezione soggettiva e realtà oggettiva:

Questa interazione costituisce il fulcro della comprensione di come gli individui comprendono e interagiscono con il mondo che li circonda, e ha implicazioni significative per la convalida e la veridicità della conoscenza. La percezione soggettiva comprende i processi mentali unici di un individuo, tra cui le sue capacità cognitive, emozioni ed esperienze personali, che influenzano il modo in cui interpreta e dà un senso alle informazioni che gli vengono presentate. D'altro canto, la realtà oggettiva si riferisce al mondo esterno e alle sue proprietà intrinseche, indipendentemente dall'esperienza soggettiva di un individuo. Comprendere l'interazione tra queste due sfaccettature è fondamentale per discernere la natura della conoscenza. Una delle indagini fondamentali in questo dominio riguarda se la percezione soggettiva distorce o migliora la comprensione della realtà oggettiva.

3. Criteri di veridicità nell'epistemologia:

Accertare la veridicità di proposizioni e credenze implica un processo multistrato che coinvolge la cognizione umana e le sfumature della realtà esterna. Al centro di questo sforzo c'è la necessità di distinguere tra mera congettura soggettiva e verità oggettiva e comprovata. Questa differenziazione richiede la formulazione di criteri solidi che possano resistere all'analisi critica e fungere da parametri di riferimento affidabili per valutare la veridicità. Un criterio fondamentale riguarda le prove empiriche, in cui le affermazioni di conoscenza sono comprovate tramite osservazione diretta, sperimentazione e percezione sensoriale. Questa base empirica assicura che le affermazioni siano fondate su esperienze tangibili, migliorandone così la credibilità e l'affidabilità.

Inoltre, la coerenza emerge come un criterio cruciale, che richiede che le affermazioni di conoscenza siano allineate con i principi stabiliti ed evitino contraddizioni interne. Le proposizioni coerenti mostrano coerenza logica e integrazione armoniosa con i quadri di conoscenza esistenti, rafforzando il loro potenziale di veridicità. La corrispondenza con la realtà si pone come un altro criterio fondamentale, che richiede che le affermazioni di conoscenza rispecchino accuratamente il mondo esterno. Questa corrispondenza richiede l'allineamento con i fatti oggettivi e le osservazioni empiriche, colmando efficacemente il divario tra la percezione soggettiva e lo stato effettivo delle cose.

Il criterio di falsificabilità promuove un ambiente di rigore intellettuale sottolineando la capacità delle affermazioni di conoscenza di essere testate e potenzialmente confutate attraverso prove empiriche. Abbracciando la falsificabilità, le indagini epistemiche coltivano un'apertura all'esame e alla revisione, rafforzando l'integrità dei processi di ricerca della verità. Anche l'incorporamento contestuale emerge come un criterio significativo, evidenziando l'influenza dei contesti storici, culturali e situazionali sulla valutazione della veridicità.

Riconoscere la natura contestuale della conoscenza consente una valutazione più sfumata e inclusiva delle affermazioni di verità, riconoscendo le dinamiche sfaccettate che modellano la comprensione umana.

Infine, le considerazioni etiche svolgono un ruolo fondamentale nel determinare la veridicità delle affermazioni conoscitive, poiché l'aderenza all'onestà intellettuale, alla trasparenza e all'integrità si allinea con i fondamenti etici dei veri sforzi di ricerca della verità.

Proposizioni universali e la loro certezza:

Il concetto di proposizioni universali incarna affermazioni che affermano verità valide per tutti i tempi e i luoghi, senza eccezioni. Queste proposizioni mirano a catturare principi che trascendono istanze e luoghi specifici, incarnando un'universalità intrinseca che trascende le esperienze individuali e le osservazioni empiriche. L'universalità in questo contesto trasmette la nozione che il valore di verità di una proposizione non è subordinato ai particolari di una situazione o contesto specifico, ma piuttosto è vero universalmente in tutti gli scenari concepibili. Un aspetto cruciale della definizione di proposizioni universali sta nell'esaminare la loro capacità di stabilire verità non contingenti, sottolineando così il loro significato fondamentale all'interno del più ampio panorama della conoscenza e della comprensione umana. Secondo Locke, la chiarezza e la distinzione delle nostre idee svolgono un ruolo fondamentale nel discernere le proposizioni universali. La natura universale delle proposizioni è strettamente legata alla chiarezza e alla distinzione dei concetti sottostanti, fungendo da criterio fondamentale per identificare queste verità sovraordinate. Inoltre, la capacità di percepire in modo chiaro e distinto determinate idee consente di riconoscere la loro applicabilità universale, fondando la certezza delle proposizioni universali nell'ambito dei concetti comprensibili e lucidi.

D'altro canto, per determinare la certezza delle verità universali, dobbiamo prima considerare la natura della loro concettualizzazione e come si relazionano alla cognizione umana. Locke postula che queste verità derivano dalle nostre esperienze sensoriali e costituiscono la base delle nostre idee innate. Inoltre, il processo di introspezione razionale ci consente di valutare la coerenza e la consistenza di queste verità all'interno del quadro più ampio della comprensione umana. Un aspetto critico dell'analisi della certezza delle verità universali implica l'esplorazione della loro resilienza contro lo scetticismo e il dubbio. La filosofia di Locke sottolinea la necessità di prove empiriche e giustificazioni razionali per stabilire la certezza di queste verità. Inoltre, dobbiamo affrontare il ruolo del contesto culturale e storico nel plasmare la nostra percezione delle verità universali e considerare come ciò influenzi la loro certezza. Inoltre, analizzare la certezza delle verità universali richiede un'esplorazione delle loro implicazioni per considerazioni morali ed etiche. La natura di queste verità sottolinea la loro importanza nel guidare il comportamento umano e il processo decisionale.

Massime: le asserzioni fondamentali della filosofia di Locke.

Le massime, secondo Locke, possono essere definite come principi fondamentali o verità evidenti che servono come mattoni della comprensione umana. Questi principi sovraordinati agiscono come fondamento su cui è strutturata ogni altra conoscenza, fornendo un quadro per l'integrazione e l'interpretazione delle esperienze sensoriali. Locke sostiene che queste massime costituiscono una parte indispensabile della nostra architettura cognitiva, fungendo da fondamento su cui sono costruiti il pensiero razionale e l'inferenza.

Inoltre, egli postula che queste massime non sono acquisite attraverso l'esperienza sensoriale, ma sono invece innate, inerenti alla coscienza umana fin dalla nascita. Questa affermazione sottolinea l'importanza che Locke attribuisce alle massime nella strutturazione della conoscenza e della comprensione umana. Nel regno della conoscenza empirica, Locke sostiene che le massime svolgono un ruolo cruciale nel guidare i nostri processi di ragionamento e formulare leggi generali che governano le nostre percezioni del mondo. Servono come principi universali che ci consentono di dare un senso alle nostre esperienze, portando alla formulazione di idee astratte e generalizzazioni.

Inoltre, analizzando il significato delle massime, Locke chiarisce come questi principi fondamentali contribuiscano alla formazione di idee e teorie complesse, plasmando così l'intera comprensione umana. Pertanto, è evidente che la definizione e il significato delle massime nella teoria di Locke sono fondamentali per comprendere il tessuto della conoscenza empirica e i suoi principi di base.

Il significato delle proposizioni insignificanti nella pratica epistemica:

Nel delineare il concetto, Locke chiarisce le proposizioni insignificanti come quelle superficiali, evidenti di per sé o che non contengono alcuna informazione nuova sostanziale. Esse fungono da assiomi o principi di base su cui si costruisce una conoscenza più complessa, spesso considerata come verità innegabili. Approfondendo le definizioni seminali di Locke, scopriamo la distinzione critica tra proposizioni insignificanti e proposizioni di conseguenza. Attraverso questa esplorazione, diventa chiaro che le proposizioni insignificanti gettano le fondamenta per l'edificio della comprensione umana, fungendo da pietra angolare che supporta affermazioni più filosofiche.

La differenziazione di Locke evidenzia il ruolo fondamentale svolto dalle proposizioni insignificanti nel delineare i contorni dell'epistemologia. La loro importanza non risiede nella loro complessità o novità, ma piuttosto nella loro capacità di fondare e sostenere affermazioni più ampie sulla natura della realtà e della percezione umana. Ciò presenta un argomento convincente secondo cui anche affermazioni apparentemente banali o banali esercitano un potere immenso nel delineare il nostro panorama intellettuale. Di conseguenza, un'analisi approfondita delle proposizioni insignificanti rivela la loro influenza pervasiva nello strutturare il quadro della conoscenza e nel delineare la traiettoria delle indagini filosofiche. Approfondendo l'essenza delle proposizioni insignificanti, otteniamo una visione di come funzionano come impalcatura su cui viene eretta la grande architettura della comprensione umana, meritando così un'attenzione e un esame meticolosi nell'ambito dell'indagine epistemica.

Comprensione umana dell'esistenza:

1. L'esistenza nella filosofia lockeana:
Quando si approfondiscono le opinioni di Locke sull'esistenza, è fondamentale esaminare sia le dimensioni astratte che pratiche attraverso la lente del contesto storico e degli argomenti filosofici fondativi. Per iniziare, l'articolazione dell'esistenza di Locke deriva dal suo approccio empirista, affermando che la conoscenza ha origine da esperienze sensoriali e riflessione. In questo senso, l'esplorazione dell'esistenza da parte di Locke si allinea con la sua teoria delle idee, in base alla quale postula che tutta la conoscenza umana è fondata sulla percezione di oggetti esterni. Da un punto di vista storico, le indagini epistemologiche di Locke furono influenzate dal clima scientifico e intellettuale prevalente del XVII secolo, caratterizzato da un crescente interesse per l'indagine empirica e dalla ricerca della comprensione attraverso l'osservazione e l'esperienza.

Inoltre, l'esame dell'esistenza da parte di Locke si intreccia con i dibattiti filosofici fondamentali del suo tempo, in particolare quelli riguardanti la natura della realtà e i limiti della comprensione umana. La posizione di Locke sull'esistenza come legata alle impressioni sensoriali funge da allontanamento dalle concezioni metafisiche tradizionali prevalenti nelle precedenti tradizioni filosofiche, come quelle sostenute da Cartesio e dai pensatori scolastici che enfatizzavano idee innate e conoscenza a priori. La concettualizzazione sfumata dell'esistenza da parte di Locke si concentra non solo sulla natura ontologica della realtà, ma anche sulle condizioni epistemiche alla base della comprensione umana del mondo. Chiarificando come la mente interagisce con gli oggetti esterni, Locke posiziona l'esistenza come inseparabile dalla percezione umana, una prospettiva profondamente radicata nei principi empiristi che egli sostiene. In termini pratici, questa concezione dell'esistenza spinge gli individui a confrontarsi con i limiti dell'esperienza sensoriale e a riconoscere la parzialità della loro comprensione percettiva del mondo.

2. Percezioni e oggetti: l'interfaccia della realtà.

Quando si esplora l'interfaccia della realtà, è essenziale approfondire la natura della percezione e le caratteristiche degli oggetti esterni. Locke postula che le nostre percezioni sono il risultato dell'interazione tra i nostri sensi e il mondo esterno. Egli sottolinea il ruolo delle esperienze sensoriali nel plasmare la nostra comprensione della realtà, affermando che le nostre idee hanno origine dalle nostre impressioni sensoriali. Inoltre, Locke sostiene che le qualità che percepiamo negli oggetti, come colore, suono e consistenza, non sono proprietà intrinseche degli oggetti stessi, ma piuttosto il risultato di come questi oggetti influenzano i nostri sensi. Questa distinzione evidenzia la soggettività della percezione e mette in guardia dal presumere che le nostre esperienze sensoriali forniscano una rappresentazione accurata del mondo esterno.

Oltre al regno della percezione sensoriale, Locke esplora il concetto di qualità primarie e secondarie. Secondo lui, le qualità primarie, come forma ed estensione, esistono intrinsecamente negli oggetti e sono indipendenti dalla percezione di un osservatore. Al contrario, le qualità secondarie, tra cui colore e gusto, sono subordinate alle esperienze sensoriali di un osservatore. La differenziazione di Locke tra qualità primarie e secondarie solleva domande stimolanti sulla natura della realtà e sulla misura in cui le nostre percezioni si allineano con le proprietà intrinseche degli oggetti.

Quando ci confrontiamo con la complessa interazione tra percezioni e oggetti, diventa evidente che la nostra comprensione dell'esistenza è legata al modo in cui percepiamo e interpretiamo il mondo che ci circonda.

3. Dubbio e certezza esistenziale:
Le visioni filosofiche di John Locke sulla conoscenza e sulla realtà danno origine a riflessioni sulla natura dell'esistenza e sulla possibilità di certezza al suo interno. Quando ci addentriamo nella comprensione umana, il dubbio esistenziale emerge come un tema pertinente che necessita di un esame critico. Possiamo veramente raggiungere la certezza nella nostra conoscenza dell'esistenza, o siamo confinati in un dubbio e uno scetticismo perpetui? Per cominciare, è fondamentale riconoscere i limiti intrinseci della cognizione e della percezione umana quando ci si confronta con il concetto di esistenza. Locke sottolinea il ruolo della percezione sensoriale come fondamento della conoscenza umana, ma evidenzia anche la fallibilità di questi sensi, introducendo così un elemento di dubbio nella nostra percezione del mondo esterno.

Inoltre, il riconoscimento di diverse prospettive culturali e sociali sottolinea la diversità di interpretazioni che circondano l'esistenza, portando a una molteplicità di punti di vista che sfidano la nozione di certezza universale. In mezzo a queste riflessioni, sorge la domanda: possiamo davvero arrivare alla certezza di fronte a tali dubbi intrinseci e prospettive diverse?

Inoltre, i limiti del linguaggio e della comunicazione aggravano ulteriormente le sfide del confronto con la certezza esistenziale. Il linguaggio, come mezzo per esprimere e articolare la nostra comprensione dell'esistenza, introduce necessariamente livelli di interpretazione e soggettività, amplificando così il potenziale di dubbio.

Inoltre, la relazione tra linguaggio e pensiero solleva interrogativi sulla misura in cui i costrutti linguistici modellano le nostre percezioni e la nostra comprensione dell'esistenza. Approfondendo la rappresentazione linguistica e le sue implicazioni per la nostra comprensione della realtà, ci confrontiamo con l'influenza pervasiva del linguaggio nella costruzione del nostro quadro concettuale dell'esistenza.

Cosa dice Locke sull'esistenza di Dio?

1. Il quadro concettuale di Locke sull'esistenza divina:

Il quadro concettuale di John Locke sull'esistenza divina è radicato nella sua comprensione sfumata della relazione tra idee e conoscenza intuitiva. Nella sua esplorazione dell'epistemologia, Locke postula che la conoscenza intuitiva è la forma più elevata di certezza, poiché è evidente di per sé e non richiede ulteriori prove o dimostrazioni. Quando si tratta dell'esistenza di Dio, Locke distingue tra l'idea di Dio e la comprensione dell'esistenza di Dio come conoscenza intuitiva. Sostiene che l'idea di Dio deriva da esperienze sensoriali e riflessione, rappresentando una combinazione complessa di varie qualità come potere infinito, saggezza e bontà.

Tuttavia, Locke sottolinea che questa idea da sola non equivale alla vera comprensione o conoscenza dell'esistenza di Dio. Secondo Locke, la vera comprensione dell'esistenza di

Dio trascende la mera percezione sensoriale e la contemplazione razionale. Egli sostiene che la conoscenza intuitiva dell'esistenza di Dio nasce da una capacità innata negli esseri umani, facilitando un'apprensione diretta e immediata dell'esistenza di Dio. Questa conoscenza intuitiva aggira i limiti delle osservazioni empiriche e delle deduzioni logiche, fornendo una convinzione della realtà dell'esistenza di Dio.

La distinzione operata da Locke tra l'idea di Dio e la comprensione dell'esistenza di Dio come conoscenza intuitiva sottolinea la sua convinzione nella capacità intrinseca dell'uomo di cogliere verità fondamentali che vanno oltre il regno della percezione sensoriale e della deliberazione razionale.

2. Fondamenti empirici e razionali della fede in Dio:
La concettualizzazione di Locke della mente umana come tabula rasa costituisce la base della sua visione su come gli individui giungono a credere in Dio. Egli sostiene che sia le osservazioni empiriche sia le riflessioni razionali contribuiscono a questa convinzione. Empiricamente, Locke suggerisce che le complessità e l'ordine osservati nel mondo naturale forniscono prove dell'esistenza di un essere superiore. Questo affidamento alle prove empiriche si allinea con l'enfasi di Locke sull'esperienza sensoriale come fondamento della conoscenza. Le basi razionali per la fede in Dio emergono dal riconoscimento da parte di Locke dei limiti della comprensione umana. Pur sottolineando il ruolo della ragione, Locke riconosce che certe verità possono superare la comprensione umana, portando gli individui ad affidarsi alla fede e alla ragione in tandem. Questa interazione tra osservazione empirica e contemplazione razionale sottolinea l'approccio poliedrico di Locke alla giustificazione della fede in Dio. Inoltre, le intuizioni di Locke sul ruolo dell'esperienza personale e della riflessione mentale nella formazione delle convinzioni religiose hanno implicazioni di vasta portata per dibattiti più ampi nell'ambito dell'epistemologia e della filosofia della religione.

3. Implicazioni del teismo di Locke sull'epistemologia:

Il discorso di John Locke sull'esistenza di Dio ha implicazioni per l'epistemologia, plasmando il fondamento stesso dell'acquisizione della conoscenza e della comprensione umana. Attraverso le sue prospettive teistiche, Locke intreccia considerazioni metafisiche con indagini epistemiche, creando un quadro dinamico che influenza diversi ambiti del pensiero filosofico. Centrale in questo discorso è l'esplorazione di come la fede in un essere divino si interseca con l'acquisizione e la convalida della conoscenza.

Locke postula che la fede in Dio, sia attraverso osservazioni empiriche che tramite indagini razionali, fornisce un'ancora fondamentale per la comprensione umana. Riconoscendo l'esistenza di una divinità onnipotente e benevola, Locke suggerisce una forza unificante che conferisce coerenza e significato all'esperienza umana. In questo contesto, la visione del mondo teistica diventa un fondamento essenziale per la ricerca della conoscenza, offrendo una struttura intrinseca all'interno della quale le indagini empiriche e razionali acquisiscono significato e scopo.

Inoltre, il teismo di Locke conferisce all'epistemologia una dimensione morale, sottolineando i doveri e le responsabilità morali che accompagnano la ricerca della conoscenza. Egli sostiene che riconoscere l'esistenza di un creatore divino chiarisce l'ordine morale e gli obblighi etici inerenti alla ricerca della verità. Questa prospettiva promuove un approccio coscienzioso all'acquisizione della conoscenza, generando un senso di riverenza e umiltà di fronte ai misteri divini, plasmando così i contorni etici degli sforzi epistemici.

Il fondamento teistico nel quadro epistemologico di Locke affronta la perenne questione dell'incertezza e dello scetticismo. Affermando l'esistenza di un Dio razionale e benevolo,

Locke offre una fonte di certezza che trascende i limiti della cognizione umana. La fede in un garante divino della verità consente un rinvigorimento della certezza all'interno del dominio epistemico, contrastando lo spettro dello scetticismo radicale e fornendo una solida base per la ricerca della conoscenza.

In definitiva, il teismo di Locke arricchisce l'epistemologia infondendole una visione del mondo completa che armonizza le dimensioni empiriche, razionali e morali della comprensione umana. Attraverso le sue meditazioni filosofiche sulle implicazioni del teismo sull'epistemologia, Locke crea un discorso che sottolinea l'interconnessione delle credenze metafisiche e la ricerca della conoscenza, contribuendo così a una comprensione multiforme dell'impresa cognitiva umana.

La conoscenza dell'esistenza di altre cose:

1. Principi fondamentali:
In "Saggio sull'intelletto umano", Locke approfondisce i principi fondamentali che sostengono il riconoscimento dell'esistenza esterna. Uno degli argomenti fondamentali postulati da Locke è radicato nella nozione che sensazioni e idee non possono esistere in isolamento; necessitano di una causa esterna. Egli sottolinea che la regolarità e la coerenza delle nostre esperienze sensoriali implicano l'esistenza di una realtà esterna e indipendente che genera queste esperienze. Inoltre, Locke ci invita a contemplare la coerenza e la prevedibilità del mondo percepito, affermando che implica l'esistenza di oggetti ed entità che sono indipendenti dalla nostra percezione soggettiva. È attraverso questa linea di ragionamento che Locke stabilisce i principi fondamentali per il riconoscimento dell'esistenza di cose esterne. Le implicazioni di questo argomento si estendono oltre i confini dell'empirismo, permeando discipline come la metafisica e l'ontologia. Chiarificando i meccanismi attraverso cui gli individui percepiscono

e riconoscono oggetti esterni, Locke fornisce un solido quadro per comprendere la natura dell'esistenza e la sua correlazione con la cognizione umana.

2. Meccanismi che governano la percezione e il riconoscimento:

Nell'opera filosofica di John Locke, questi meccanismi hanno un significato particolare in quanto modellano la nostra comprensione del mondo esterno. Al centro della percezione c'è l'interazione tra la mente umana e l'ambiente esterno. Locke postula che le esperienze sensoriali svolgono un ruolo fondamentale nel modellare le nostre rappresentazioni mentali del mondo che ci circonda, ed è attraverso queste percezioni sensoriali che arriviamo a riconoscere e comprendere l'esistenza di oggetti esterni.

Locke approfondisce meticolosamente il funzionamento della percezione, sottolineando il ruolo dei dati sensoriali nel plasmare la nostra comprensione della realtà. Spiega il concetto di qualità primarie e secondarie, spiegando come le nostre esperienze sensoriali ci forniscano informazioni sulle proprietà intrinseche degli oggetti e sui loro attributi percepibili. Inoltre, Locke esamina la nozione di realismo rappresentativo, in cui le nostre percezioni agiscono come rappresentazioni o "copie" di oggetti esterni, consentendoci così di ottenere informazioni sulla loro esistenza.

Inoltre, Locke esamina attentamente il ruolo dell'associazione nella percezione e nel riconoscimento, descrivendo in dettaglio come la mente correla vari input sensoriali per formare rappresentazioni coerenti e significative. Attraverso questa analisi, sottolinea l'interconnessione delle sensazioni e dei processi cognitivi coinvolti nel riconoscimento e nella comprensione degli oggetti esterni. L'esplorazione di Locke della natura gerarchica delle idee e della formazione di concetti complessi arricchisce ulteriormente la nostra comprensione dei meccanismi cognitivi in gioco nella percezione e nel riconoscimento.

Inoltre, Locke contempla i limiti e le fallibilità della percezione, riconoscendo il potenziale di interpretazione errata ed errore nella nostra comprensione del mondo esterno. Solleva domande stimolanti riguardo all'affidabilità delle nostre percezioni e alla misura in cui riflettono veramente la realtà esterna. Questa valutazione critica sfida i lettori a contemplare l'interazione sfumata tra input sensoriale, rappresentazione mentale e costruzione della conoscenza del mondo esterno.

Il miglioramento della nostra conoscenza:

1. Fondamenti dell'arricchimento della conoscenza:
Locke chiarisce il concetto che la nostra conoscenza deriva da esperienze sensoriali e riflessione. Egli postula che la mente alla nascita è una tabula rasa, una tabula rasa, su cui l'esperienza inscrive la conoscenza. Questa prospettiva ha aperto la strada allo sviluppo dell'empirismo, la scuola di pensiero che sottolinea il ruolo dell'esperienza nella formazione di idee e credenze. La nozione che la conoscenza sia acquisita attraverso la percezione sensoriale funge da fondamento per il progresso nella comprensione del mondo che ci circonda. L'enfasi di Locke sul significato dell'osservazione e della sperimentazione come catalizzatori per l'espansione della conoscenza ha risuonato attraverso i secoli e ha esercitato un'influenza significativa su campi come la scienza, la psicologia e la filosofia.

Inoltre, le affermazioni di Locke sull'associazione di idee, sulle idee complesse formate da quelle semplici e sull'importanza della riflessione nella comprensione di questi concetti hanno gettato solide basi che hanno contribuito al progresso dell'intelletto umano e alla comprensione del mondo. La sua posizione sui limiti della conoscenza umana ha orientato il discorso verso l'identificazione dei confini della comprensione, spingendo contemporaneamente gli sforzi per trascendere queste soglie. Le intuizioni epistemologiche fornite da Locke sono state cruciali nel plasmare la traiettoria dell'acquisizione della conoscenza e hanno continuato a ispirare la ricerca intellettuale in varie discipline.

2. Metodi per aumentare la comprensione umana:
Nella ricerca del miglioramento della comprensione umana, John Locke riflette su vari metodi che possono contribuire all'aumento della conoscenza. Un metodo importante è l'approccio empirico, che sottolinea l'importanza dell'esperienza sensoriale nell'acquisizione della conoscenza. Locke postula che la mente è una tabula rasa, o una lavagna vuota, alla nascita, ed è attraverso la percezione sensoriale e la riflessione su queste percezioni che gli individui sviluppano idee e comprensione. Questa prospettiva empirista sottolinea l'importanza dell'osservazione, della sperimentazione e del ragionamento basato sulle prove nell'espansione della comprensione umana.

D'altra parte, la coltivazione di capacità di pensiero critico costituisce una parte cruciale dell'aumento della comprensione umana. Locke sostiene l'esame e l'analisi attenta delle idee, promuovendo il rigore intellettuale e l'indagine disciplinata. Coltivando la capacità di valutazione ragionata e di esame logico, gli individui possono migliorare le proprie capacità cognitive e approfondire la comprensione di fenomeni complessi.

La ricerca dell'aumento della conoscenza implica l'interazione con diverse fonti di informazione e prospettive. Locke sottolinea il valore di ampliare i propri orizzonti intellettuali esplorando discipline diverse e interagendo con diversi punti di vista. Questo approccio interdisciplinare promuove una comprensione completa, consentendo agli individui di discernere connessioni tra campi diversi e apprezzare l'interazione delle idee.

Un altro metodo fondamentale per aumentare la comprensione umana è la pratica dell'indagine sistematica e dell'apprendimento strutturato. Locke sottolinea il ruolo dell'istruzione e dello studio organizzato nel favorire la crescita intellettuale. Instillando uno spirito di curiosità, incoraggiando l'indagine attiva e fornendo accesso a risorse educative, gli individui possono coltivare una consapevolezza più profonda del mondo che li circonda e sviluppare opinioni ben informate.

L'utilizzo di tecnologie e metodologie avanzate come strumenti per l'acquisizione e la diffusione della conoscenza costituisce un aspetto significativo del miglioramento della comprensione umana. L'integrazione di strumenti moderni, come l'analisi dei dati, la modellazione computazionale e l'intelligenza artificiale, estende le frontiere della conoscenza, facilitando le analisi e facilitando nuove scoperte.

3. Evidenza empirica e conoscenza intuitiva:
In "Saggio sull'intelletto umano", Locke approfondisce i modi in cui le esperienze sensoriali plasmano la nostra comprensione del mondo che ci circonda. Centrale nel quadro epistemologico di Locke è il concetto che la nostra conoscenza deriva principalmente da percezioni sensoriali, che lui definisce "prove empiriche". Locke afferma che le nostre facoltà cognitive sono attivamente impegnate nell'elaborazione di queste prove empiriche per ricavare conoscenze sul mondo esterno.

Inoltre, la spiegazione della conoscenza di Locke non riguarda solo l'evidenza empirica, ma anche la conoscenza intuitiva. L'interazione tra intuizioni intuitive e analisi ragionata è un aspetto fondamentale della filosofia di Locke. Secondo lui, la conoscenza intuitiva è fondata sulla chiarezza e l'autoevidenza di certe verità, che vengono immediatamente percepite senza bisogno di deduzione o inferenza. Questa forma di conoscenza deriva dall'introspezione e dalla comprensione innata, che porta a certezze che trascendono le esperienze sensoriali. Al contrario, l'analisi ragionata implica l'esame sistematico e la valutazione dell'evidenza empirica attraverso deduzioni e inferenze logiche.

L'enfasi di Locke sui ruoli complementari di prove empiriche e conoscenza intuitiva spinge a una valutazione critica del significato di ciascuna nella formazione della comprensione umana. Mentre le prove empiriche forniscono il fondamento su cui si costruisce la conoscenza, le intuizioni intuitive offrono un livello più profondo di certezza e convinzione. Esplorando l'equilibrio tra queste due modalità di acquisizione della conoscenza, Locke sfida i lettori a contemplare le dinamiche che sostengono la cognizione umana.

Nel contemplare le virtù e i limiti dell'evidenza empirica e della conoscenza intuitiva, diventa evidente che entrambe contribuiscono alla ricchezza e alla complessità della comprensione umana. Tuttavia, la loro integrazione armoniosa è vitale per lo sviluppo olistico della conoscenza.

4. I limiti e le certezze delle informazioni sensoriali:
Le informazioni sensoriali costituiscono il fondamento della nostra comprensione empirica del mondo. Tuttavia, la filosofia di John Locke ci spinge a esaminare criticamente i limiti e le certezze associate a questa modalità di acquisizione della conoscenza. I dati sensoriali, pur essendo essenziali, sono intrinsecamente limitati dalla capacità dei nostri sensi e dall'interpretazione soggettiva degli stimoli. Queste limitazioni introducono potenziali imprecisioni e incertezze nella nostra comprensione del mondo esterno.

Il concetto di Locke di qualità primarie e secondarie getta luce sulla distinzione fondamentale tra attributi oggettivi inerenti agli oggetti e le esperienze soggettive che questi attributi evocano. La consapevolezza che la nostra percezione di qualità come colore, sapore e consistenza è subordinata a meccanismi sensoriali individuali evidenzia la soggettività intrinseca delle informazioni sensoriali. Questa intuizione ci spinge a mettere in discussione l'affidabilità e l'universalità dei nostri incontri percettivi.

Inoltre, la fallibilità delle informazioni sensoriali è amplificata quando si considerano fenomeni al di là della portata immediata dei nostri sensi. La proposizione di Locke ci sfida a contemplare l'esistenza di realtà che sfuggono all'apprensione sensoriale diretta. Ciò solleva questioni cruciali riguardo alla misura in cui possiamo fare affidamento solo sulle esperienze sensoriali per comprendere la totalità dell'esistenza.

Riconoscere i limiti delle informazioni sensoriali genera un cambiamento di paradigma nel nostro approccio alla conoscenza. Richiede una comprensione più sfumata della relazione tra percezione e realtà, che richiede un impegno interdisciplinare con campi quali scienze cognitive, psicologia e filosofia. Riconoscendo i vincoli dell'input sensoriale, siamo spinti a cercare modalità complementari di indagine e verifica, migliorando così la profondità e l'accuratezza della nostra comprensione.

Il concetto di giudizio di Locke:

L'evoluzione del giudizio da un punto di vista filosofico può essere fatta risalire alle teorie e definizioni originali di John Locke. La concettualizzazione del giudizio da parte di Locke ruota attorno all'idea di valutare e formulare conclusioni basate su prove e ragionamenti. Nella sua opera fondamentale, "Saggio sull'intelletto umano", Locke approfondisce la natura del giudizio umano, sottolineando il ruolo cruciale che svolge nel plasmare le nostre percezioni e convinzioni. Egli postula che il giudizio non è semplicemente un atto della mente, ma piuttosto un processo cognitivo fondamentale che influenza la nostra comprensione del mondo. L'esposizione di Locke sul giudizio chiarisce la sintesi di esperienze sensoriali e riflessione razionale, evidenziando l'interazione tra osservazioni empiriche e discernimento intellettuale.

La definizione di giudizio di Locke si estende oltre le sue implicazioni individualistiche e permea vari aspetti dei discorsi sociali ed etici. Analizzando meticolosamente il tessuto della cognizione umana, Locke svela gli strati sfaccettati che sono alla base della formazione dei giudizi. La sua enfasi sulla soggettività della percezione umana e sull'influenza di fattori esterni nel plasmare i giudizi sottolinea la natura sfumata e dinamica di questo processo cognitivo. La definizione di Locke racchiude il ruolo fondamentale del giudizio nel discernere dilemmi morali, affrontare dilemmi etici e partecipare al processo decisionale politico.

Il concetto di giudizio di Locke continua ad avere rilevanza nel discorso etico e politico contemporaneo. Fornisce un quadro per valutare le dimensioni etiche delle questioni sociali, guidando gli individui nel prendere decisioni informate e basate sui principi. Inoltre, l'applicazione della teoria del giudizio di Locke nel regno della politica funge da lente attraverso cui la governance e l'elaborazione delle politiche contemporanee possono essere valutate criticamente.

Probabilità:

1. Fondamenti dell'epistemologia di Locke:
Una pietra angolare della filosofia di Locke è la sua definizione di conoscenza come percezione dell'accordo o del disaccordo di idee. Questo concetto fondamentale costituisce il fondamento della sua teoria della probabilità. Secondo Locke, la conoscenza deriva dalla percezione della connessione o

della ripugnanza di una qualsiasi delle nostre idee. Egli afferma che questa percezione dell'accordo o del disaccordo di idee è l'atto della mente, che ci consente di formare la conoscenza. Sezionando questa definizione, Locke stabilisce una base per comprendere come la probabilità viene valutata e determinata nell'ambito della comprensione umana.

In sostanza, l'enfasi di Locke sulla correlazione tra idee serve come base per valutare la probabilità o la certezza delle proposizioni. La percezione chiara e distinta dell'accordo o del disaccordo delle idee porta alla determinazione di ciò che può essere conosciuto con certezza o solo probabile. Questa comprensione fondamentale guida l'approccio di Locke alla probabilità, consentendo agli individui di affrontare affermazioni e proposizioni incerte mentre si sforzano di raggiungere conclusioni razionali.

La visione di Locke sul discernimento dell'accordo o del disaccordo delle idee sottolinea il suo impegno verso le prove empiriche e l'esperienza osservativa come fonti primarie di acquisizione della conoscenza. Considerando ciò, i fondamenti della probabilità all'interno dell'epistemologia di Locke sono fondamentalmente radicati nell'esame meticoloso della concorrenza o dell'incongruenza delle idee, aprendo la strada a una comprensione del ragionamento probabilistico all'interno del suo quadro filosofico.

2. Certezza e probabilità: le distinzioni di Locke.
Locke postula che la certezza riguarda la conoscenza derivata da prove intuitive o dimostrative, in cui le proposizioni sono evidenti e indiscutibili. D'altro canto, la probabilità implica giudizi basati su prove parziali o comprensione limitata, che si traducono in vari gradi di assenso. Locke sostiene una valutazione meticolosa dei fondamenti e della natura delle nostre convinzioni, evidenziando la relazione tra osservazioni empiriche e ragionamento probabilistico.

L'enfasi di Locke sulle prove empiriche come fondamento della conoscenza sfida le nozioni convenzionali di certezza e probabilità. Esaminando attentamente l'origine e i limiti delle nostre idee, Locke sottolinea che la certezza non è solo subordinata all'inattaccabilità delle verità, ma anche alla percezione chiara e distinta del loro accordo o disaccordo. Questo criterio funge da punto di riferimento per accertare la certezza delle proposizioni, allineandosi con la posizione empirista di Locke secondo cui la mente è inizialmente una tabula rasa (tabula rasa) e la conoscenza viene acquisita attraverso esperienze sensoriali e riflessioni.

Locke introduce il concetto di assenso ipotetico, in cui le convinzioni accordate con un certo grado di probabilità possono guidare azioni e condotte, pur non raggiungendo il livello di certezza. Questa prospettiva pragmatica si interseca con le discussioni contemporanee sul processo decisionale in condizioni di incertezza e valutazione del rischio. La spiegazione di Locke sull'interazione tra ragione e probabilità offre preziose intuizioni per affrontare scenari complessi in cui la certezza assoluta è irraggiungibile.

Gradi di assenso nella comprensione umana:

L'esplorazione di John Locke dei gradi di assenso all'interno della struttura della sua teoria della conoscenza fornisce un'analisi completa di come gli individui formano convinzioni basate sulle prove. Centrale nella filosofia di Locke è l'idea che la comprensione umana operi all'interno di uno spettro di assenso, che va dalla semplice opinione alla piena convinzione.

Attraverso una meticolosa dissezione di questo spettro, Locke mira a chiarire i fattori che influenzano la forza e la certezza delle nostre convinzioni. Delineando la complessa interazione tra prove, percezione e giudizio, Locke sottolinea la natura sfumata dell'assenso e il suo ruolo fondamentale nel plasmare la comprensione umana. Si addentra nella variabilità intrinseca delle prove e nel loro impatto sulla formazione delle convinzioni, sottolineando che il grado di assenso è subordinato alla qualità e alla quantità delle prove disponibili.

Inoltre, Locke distingue tra idee semplici e complesse, evidenziando come la loro chiarezza e coerenza possano influenzare i livelli di assenso che suscitano. In sostanza, la valutazione di Locke dell'assenso funge da argomento convincente per la natura multiforme della cognizione umana, illustrando che il processo di formazione delle credenze è legato alla natura e al peso delle prove a portata di mano. Questa intuizione continua a risuonare nel discorso epistemologico contemporaneo, spingendo gli studiosi a valutare criticamente i fondamenti delle loro credenze e i pregiudizi intrinseci che modellano i loro gradi di assenso.

D'altro canto, per comprendere la comprensione umana e la sua interazione con la fede, è essenziale approfondire i fattori che influenzano la classificazione dei gradi di assenso, come proposto da John Locke. Il primo e forse più cruciale fattore è la percezione sensoriale, ovvero il modo in cui gli individui percepiscono il mondo attraverso i loro sensi. Locke sostiene che le esperienze sensoriali costituiscono il fondamento di ogni conoscenza e, pertanto, il grado di assenso è significativamente influenzato dalla chiarezza e dalla coerenza di queste percezioni.

Inoltre, il livello di evidenza sensoriale disponibile può anche avere un impatto sul grado di assenso, poiché una base empirica più solida spesso porta a livelli di certezza più elevati. Un altro fattore influente è il ruolo della ragione e della razionalità nel dare forma alle nostre convinzioni. Locke sottolinea l'importanza di impiegare la ragione per valutare e analizzare le nostre percezioni, poiché questo processo di riflessione razionale determina la forza del nostro assenso.

D'altra parte, il contesto sociale e culturale in cui si trovano gli individui gioca un ruolo fondamentale nell'influenzare i gradi di assenso. La società, con le sue diverse norme, valori e sistemi di credenze, esercita un'influenza innegabile sulla formazione e l'intensità di diversi gradi di assenso. Inoltre, le esperienze storiche e personali degli individui contribuiscono a plasmare il loro assenso, poiché eventi passati e circostanze individuali possono plasmare le prospettive e le inclinazioni di una persona. Infine, i pregiudizi e le soggettività intrinseche degli individui non possono essere trascurati quando si considerano i fattori che influenzano l'assenso.

Locke sottolinea la necessità di introspezione e autoconsapevolezza per identificare e mitigare il potenziale impatto dei pregiudizi sui gradi di assenso di una persona. La comprensione di questi fattori multiformi fornisce una visione completa delle dinamiche che governano la valutazione dei gradi di assenso nella comprensione umana, gettando luce sull'interazione sfumata tra percezione, ragione, influenze sociali, esperienze personali e pregiudizi.

Il ruolo della ragione nella filosofia di Locke:

1. La razionalità nel modello lockeano:
Nel discorso filosofico di Locke, il concetto di razionalità trascende la mera percezione e credenza, incarnando un processo cognitivo più profondo che sostiene la comprensione umana. Al centro del quadro di Locke c'è la distinzione tra la conoscenza derivata da idee chiare e distinte e quella derivante dalla mera intuizione. La razionalità, come delineata da Locke, comporta l'esame meticoloso e il discernimento delle idee per garantirne la coerenza e la validità. Questo rigoroso criterio funge da salvaguardia contro la propagazione di

credenze e idee sbagliate infondate, sottolineando il ruolo imperativo della ragione nel guidare la cognizione umana.

Inoltre, Locke postula che la razionalità opera come un meccanismo per allineare le nostre convinzioni con le prove presentate dalle nostre esperienze sensoriali. Sottoponendo le nostre percezioni allo scrutinio della ragione, possiamo accertare la veridicità delle nostre convinzioni e distinguerle dalle semplici congetture. Questo allineamento sottolinea il ruolo fondamentale della ragione nel plasmare le fondamenta della conoscenza umana, costringendo gli individui ad andare oltre il regno dell'accettazione passiva e a impegnarsi in una valutazione critica dei loro incontri percettivi.

Centrale per definire la razionalità all'interno del framework lockiano è il principio delle idee chiare e distinte. Locke sostiene che la conoscenza genuina si basa su idee chiare, coerenti e prive di contraddizioni. Chiarezza e distinzione servono come prove al tornasole per il pensiero razionale, assicurando che le idee non siano oscurate da ambiguità o vaghezza. Inoltre, Locke sottolinea che queste idee chiare e distinte sono derivate attraverso l'introspezione e la riflessione, evitando il regno dell'intuizione che può portare a conclusioni errate.

Al contrario, Locke riconosce l'importanza dell'intuizione nella cognizione umana. Tuttavia, delinea una netta demarcazione tra intuizione e razionalità, sottolineando che le intuizioni intuitive, prive di un esame rigoroso, possono propagare credenze errate. Questa demarcazione accentua il ruolo fondamentale della ragione nel rafforzare il tessuto della comprensione umana, fungendo da baluardo contro nozioni fallaci propagate attraverso un'intuizione non esaminata.

Ergo, all'interno della cornice lockiana, la razionalità emerge come il fulcro su cui ruota la comprensione umana, chiarendo il ruolo indispensabile della ragione nel distinguere la verità dalle fallacie ed elevando la cognizione oltre il regno della formazione casuale di credenze e dell'intuizione sfrenata.

2. Meccanismi della ragione nella comprensione umana e nella formazione delle credenze:

La ragione, secondo la filosofia di Locke, svolge un ruolo fondamentale nella formazione e convalida delle credenze. Egli postula che la ragione comprende la capacità di discernere l'accordo o il disaccordo di idee attraverso il confronto e l'esame. Inoltre, sottolinea l'importanza di percezioni chiare e distinte, poiché servono come fondamento per il giudizio razionale. Queste nozioni formano il quadro per comprendere i meccanismi della ragione nella comprensione umana e nella formazione delle credenze. Un aspetto chiave della ragione è la sua funzione nel valutare la coerenza e la consistenza delle idee. Ciò implica la valutazione critica delle relazioni logiche tra vari concetti e l'identificazione di eventuali contraddizioni potenziali. Inoltre, la ragione serve come strumento per discernere le prove empiriche che supportano o confutano proposizioni specifiche. L'enfasi di Locke sull'osservazione empirica come base per la conoscenza sottolinea il ruolo critico della ragione nel valutare le prove e trarre conclusioni valide.

Inoltre, il processo di inferenza, che implica la deduzione di nuove conoscenze da informazioni esistenti, evidenzia il ruolo attivo della ragione nella sintesi delle credenze. Approfondendo i meccanismi della ragione, esaminiamo attentamente come gli individui formano la loro comprensione del mondo e plasmano le loro credenze. Diventa evidente che la ragione agisce come una forza guida, allontanando gli individui da interpretazioni fallaci e indirizzandoli verso conclusioni ben fondate. Attraverso un'analisi dettagliata della ragione, scopriamo i modi sfumati in cui gli individui affrontano il complesso terreno della formazione delle credenze. Mentre esploriamo la natura multiforme della ragione, diventa chiaro che la sua influenza si estende ben oltre la mera cognizione; plasma la nostra comprensione della realtà e informa la nostra visione del mondo. Riconoscere l'interazione tra ragione e formazione delle credenze illumina l'impatto che il pensiero razionale esercita sulla comprensione e la concettualizzazione umana.

3. L'interazione tra pensiero razionale e prove empiriche:
Nel regno dell'epistemologia, la filosofia di John Locke presenta un'affascinante esplorazione dell'interazione tra pensiero razionale ed evidenza empirica. Questo aspetto chiave del suo quadro filosofico evidenzia la relazione tra ragione ed esperienza nella formazione e convalida della conoscenza. Al centro di questa interazione si trova la capacità umana intrinseca di impegnarsi in processi di pensiero razionali integrando al contempo l'evidenza empirica dalle esperienze sensoriali. In questo contesto, l'enfasi di Locke sul ruolo della sensazione e della riflessione nell'acquisizione della conoscenza sottolinea l'importanza dell'evidenza empirica come componente fondamentale nella comprensione del mondo.

Il pensiero razionale, come spiegato da Locke, implica l'applicazione della logica, dell'inferenza e del ragionamento critico per elaborare le informazioni derivate dalle esperienze sensoriali. Questo processo cognitivo consente agli individui di valutare e interpretare le prove empiriche all'interno del quadro del ragionamento logico, contribuendo così alla formazione di credenze giustificate. Inoltre, le intuizioni di Locke sui limiti della comprensione umana, in particolare per quanto riguarda le idee innate, sottolineano la necessità di fare affidamento sulle prove empiriche per guidare il pensiero razionale verso interpretazioni accurate del mondo.

Centrale per l'interazione tra pensiero razionale e prove empiriche è il concetto di sperimentazione e osservazione. L'approccio empirista di Locke sottolinea il valore dell'esperienza sensoriale diretta e delle osservazioni empiriche come fonti fondamentali di conoscenza. Sottoponendo le ipotesi a test empirici e osservazioni, il pensiero razionale viene raffinato e guidato dalle prove ottenute tramite sperimentazione. Questo processo iterativo di convalida e perfezionamento del pensiero razionale tramite prove empiriche incarna l'essenza dell'epistemologia empirica di Locke.

Inoltre, l'interazione tra pensiero razionale ed evidenza empirica si estende ai regni della scienza e della filosofia, dove i principi dell'indagine empirica e dell'analisi razionale convergono. Il quadro filosofico di Locke sottolinea la relazione simbiotica tra evidenza empirica e pensiero razionale nel dare forma all'indagine scientifica e al discorso filosofico. L'utilizzo di un ragionamento solido guidato dall'evidenza empirica funge da pietra angolare per i progressi scientifici e le deliberazioni filosofiche, rafforzando ulteriormente l'interconnessione tra pensiero razionale ed evidenza empirica.

Fede contro ragione:

Nell'esplorazione dell'opera fondamentale di John Locke, diventa evidente che egli pone grande enfasi nel delineare i confini tra fede e ragione all'interno della cornice della sua più ampia prospettiva filosofica dell'empirismo. L'analisi di Locke di questi domini distinti ma interconnessi fornisce spunti sulla natura della comprensione umana e sulla ricerca della conoscenza. Per comprendere appieno la distinzione di Locke, bisogna approfondire i principi fondamentali della sua filosofia.

Locke definisce la ragione come la facoltà che consente agli individui di formulare giudizi basati su prove, osservazione empirica e inferenza logica. Funge da pietra angolare dell'indagine razionale e del pensiero critico, guidando gli individui verso conclusioni solide derivate dall'esperienza sensoriale. Al contrario, la fede, secondo Locke, riguarda le convinzioni sostenute senza prove empiriche dirette o giustificazione razionale. Implica la fiducia in proposizioni che superano la portata della percezione sensoriale o della prova dimostrativa.

Questa demarcazione evidenzia l'impegno di Locke verso l'empirismo, poiché sostiene che ogni conoscenza genuina è radicata nell'esperienza sensoriale e nella riflessione. La ragione, come strumento per esaminare e interpretare questo input empirico, è fondamentale per discernere le verità sul mondo. Al contrario, la fede opera oltre l'ambito dell'evidenza empirica, rendendo necessaria una diversa modalità di accettazione che aggira lo stretto esame probatorio.

La distinzione di Locke tra fede e ragione riflette anche il suo riconoscimento dei limiti inerenti a entrambi i domini. Mentre la ragione consente agli individui di impegnarsi con il mondo osservabile e di ricavare comprensione dai dati sensoriali, ha dei confini che le impediscono di comprendere tutti gli aspetti dell'esistenza umana. Questa limitazione spinge alla necessità della fede, che consente agli individui di abbracciare proposizioni che trascendono la verifica empirica, come i principi morali o le dottrine teologiche.

Inoltre, la differenziazione di Locke tra fede e ragione ha implicazioni significative per le indagini etiche ed epistemologiche. Delineando i rispettivi ruoli, egli prepara il terreno per un dialogo riguardante la compatibilità e i potenziali conflitti tra le sfere della fede e della ragione. Inoltre, questa distinzione apre la strada alla contemplazione dell'interazione tra religione e filosofia, gettando luce su come gli individui affrontano le intersezioni tra credenze trascendenti e discorso razionale.

Consensi errati e valutazioni errate:

1. La natura degli assensi erronei:

Gli errori nell'assenso spesso derivano dalla cognizione umana. Nonostante le nostre migliori intenzioni di impegnarci in un pensiero razionale, vari fattori possono condurci fuori strada. Un problema importante risiede nei limiti della percezione e della comprensione. Le nostre esperienze sensoriali, sebbene preziose, sono intrinsecamente soggettive e soggette a interpretazioni errate. Questa soggettività introduce un grado di incertezza nei nostri processi cognitivi, aprendo la porta a giudizi errati.

Inoltre, l'influenza di pregiudizi e nozioni preconcette non può essere sopravvalutata. Gli esseri umani hanno una propensione a interpretare le informazioni in linea con le loro convinzioni esistenti, anche se tali interpretazioni contraddicono le prove empiriche. Questo pregiudizio di conferma perpetua ulteriormente gli assensi errati rafforzando idee sbagliate e ragionamenti selettivi.

D'altra parte, l'interazione tra emozioni e ragione ha un impatto significativo sulla formazione degli assensi. Le emozioni, con la loro potente capacità di offuscare il giudizio, possono portare gli individui ad abbracciare proposizioni imperfette a causa dell'attrattiva della loro risonanza emotiva, ignorando così le incongruenze logiche.

Approfondendo la natura degli assensi errati si svela la prevalenza di fattori sociali e culturali. Il contesto sociale in cui opera un individuo ne plasma i valori, le norme e la visione del mondo. Di conseguenza, queste influenze esterne possono favorire assensi fuorvianti, in cui gli individui adottano credenze popolari senza valutarne criticamente la validità.

2. I rimedi di Locke per correggere gli errori:
Nell'affrontare il potenziale di assenso e di errori di giudizio errati nel ragionamento umano, John Locke introduce una serie di rimedi volti a correggere questi errori cognitivi. Centrale

nella filosofia di Locke è l'idea che qualsiasi errore di giudizio o comprensione possa essere rettificato attraverso un attento esame di queste esperienze. Locke sottolinea il ruolo critico dell'auto-riflessione e dell'introspezione nell'identificazione e nella rettifica degli errori nelle nostre convinzioni e nei nostri giudizi. Egli sostiene un approccio metodico, in cui gli individui esaminano rigorosamente i propri processi cognitivi e riconducono le origini delle proprie convinzioni alle percezioni sensoriali. Adottando un metodo sistematico di indagine e analisi, gli individui possono scoprire e affrontare le cause profonde di assenso e di errori di giudizio errati.

D'altro canto, Locke sottolinea l'importanza di coltivare una mentalità scettica, incoraggiando gli individui a mettere in discussione e valutare criticamente le proprie convinzioni esistenti. Questa umiltà intellettuale e la volontà di nutrire dubbi sono essenziali per mitigare l'impatto di pregiudizi cognitivi e giudizi prevenuti.

Inoltre, Locke propone che impegnarsi in un dialogo aperto e in un discorso con gli altri possa servire come una preziosa misura correttiva contro assensi errati. Attraverso dibattiti costruttivi e scambi di idee, gli individui possono esporre le proprie convinzioni a esame e sfida, portando al perfezionamento e alla rettifica di qualsiasi giudizio imperfetto. L'enfasi di Locke sulla ricerca collettiva della verità sottolinea la dimensione sociale della correzione della conoscenza, evidenziando l'importanza dell'impegno della comunità nel superare gli errori cognitivi.

Locke approfondisce il ruolo dell'istruzione e dello sviluppo intellettuale come strumenti fondamentali per combattere assensi errati e giudizi errati. Sostiene che un'istruzione completa, fondata sull'osservazione empirica e sull'indagine razionale, fornisce agli individui le competenze necessarie per discernere la verità dalla falsità e coltivare un sano giudizio.

Instillando uno spirito di pensiero critico e curiosità intellettuale, l'istruzione funge da potente antidoto agli errori cognitivi e al ragionamento fallace. Attraverso questo quadro completo di rimedi, Locke stabilisce un modello convincente per affrontare e correggere assensi errati e giudizi errati, sottolineando la profondità dei suoi contributi alla teoria epistemologica.

Divisione delle Scienze:

1. Evoluzione storica delle categorie scientifiche:
L'evoluzione storica delle categorie scientifiche è un viaggio affascinante che è stato influenzato da una miriade di fattori, tra cui ideologie filosofiche e scoperte rivoluzionarie. Nei tempi antichi, la classificazione delle scienze era principalmente radicata nel concetto di filosofia naturale e comprendeva discipline come matematica, fisica, astronomia, musica e metafisica. Le opere di studiosi rinomati come Aristotele e Platone gettarono le basi per queste prime categorizzazioni, preparando il terreno per il modo in cui la conoscenza veniva strutturata e diffusa. Durante il periodo rinascimentale, la delineazione delle categorie scientifiche iniziò a evolversi con l'emergere di osservazioni empiriche e una crescente enfasi sulla sperimentazione. Questo cambiamento portò allo sviluppo di rami distinti come biologia, chimica e anatomia, segnando un momento cruciale nella storia della categorizzazione scientifica. L'era dell'Illuminismo spinse ulteriormente questa evoluzione man mano che la filosofia dell'empirismo acquisì importanza, sottolineando il significato delle esperienze sensoriali e delle prove empiriche nell'acquisizione della conoscenza. Contemporaneamente, l'avvento del metodo scientifico ha introdotto un approccio sistematico all'indagine, rivoluzionando il modo in cui le categorie scientifiche venivano definite e studiate. Inoltre, l'era dell'esplorazione e della scoperta ha portato alla luce nuovi regni di indagine scientifica, portando alla classificazione di campi come botanica, geologia e antropologia. Nell'era moderna, i progressi

tecnologici e le collaborazioni interdisciplinari hanno continuato a ridefinire le categorie scientifiche, dando origine a domini come neuroscienze, bioinformatica e scienze ambientali. La fusione di discipline tradizionali e l'emergere di nuovi campi rispecchiano la natura dinamica della categorizzazione scientifica, riflettendo il panorama in continua evoluzione della comprensione umana e dell'esplorazione dei misteri del mondo naturale.

2. La classificazione delle scienze di Locke e le sue implicazioni:

Nella sua opera fondamentale, John Locke intraprende un esame completo della classificazione delle scienze, cercando di fornire un quadro per organizzare la conoscenza umana. Il sistema di classificazione di Locke è incentrato sulla distinzione tra filosofia naturale, matematica e scienza razionale, una categorizzazione che ha avuto implicazioni sul successivo discorso filosofico. La filosofia naturale comprende lo studio del mondo naturale e dei suoi fenomeni, concentrandosi su osservazioni empiriche e sull'applicazione di metodi scientifici per comprendere i processi fisici. La matematica, secondo Locke, costituisce un'area distinta della conoscenza caratterizzata dalla sua dipendenza dal ragionamento astratto e dalle leggi immutabili che governano quantità e spazio. La scienza razionale, come esposta da Locke, riguarda lo studio della mente e delle entità immateriali, comprendendo aree come la metafisica e la filosofia morale.

Centrale nella classificazione delle scienze di Locke è la demarcazione tra qualità primarie e secondarie, un concetto che permea il suo quadro epistemologico. La divisione delle qualità primarie, che sono proprietà intrinseche di oggetti come estensione, forma e movimento, dalle qualità secondarie, che sono soggettive e dipendenti dalla percezione, informa fondamentalmente la sua classificazione delle scienze. Questa distinzione comporta ramificazioni significative per la comprensione dell'acquisizione della conoscenza e la possibilità di raggiungere una conoscenza certa e verificabile.

Inoltre, la classificazione delle scienze di Locke ha implicazioni di vasta portata per l'organizzazione e lo sviluppo delle discipline accademiche. Sottolineando l'importanza dell'osservazione empirica e la necessità di fondare le teorie sull'esperienza sensoriale, il quadro di Locke ha contribuito alla delineazione delle discipline all'interno del mondo accademico e alla formazione di distinte scuole di pensiero. Inoltre, l'influenza della classificazione di Locke è evidente nella continua integrazione delle sue idee in diversi campi, tra cui le scienze naturali, la filosofia e la psicologia.

Tuttavia, mentre la classificazione delle scienze di Locke ha apportato preziosi contributi al panorama epistemologico, ha anche attirato critiche e generato un acceso dibattito. I critici sostengono che la classificazione di Locke potrebbe semplificare eccessivamente le relazioni tra diversi rami della conoscenza e potenzialmente trascurare le connessioni interdisciplinari. Inoltre, sono state sollevate sfide riguardo all'adeguatezza del framework di Locke nell'accogliere campi di studio emergenti e progressi scientifici contemporanei, spingendo gli studiosi a riconsiderare l'applicabilità delle sue classificazioni in un ambiente intellettuale in evoluzione.

3. Rilevanza contemporanea e critica della divisione di Locke:

La classificazione delle scienze di Locke è da tempo oggetto di dibattito e analisi nel discorso filosofico contemporaneo. Mentre il quadro di Locke ha gettato le basi per la categorizzazione della conoscenza, la sua rilevanza nel panorama interdisciplinare odierno giustifica un esame critico. La natura in evoluzione dell'indagine scientifica e l'emergere di nuove discipline pongono sfide alla rigidità delle divisioni di Locke. Man mano che avanziamo negli studi moderni, diventa evidente che un approccio più fluido e interconnesso alla classificazione della conoscenza è imperativo. Una delle critiche principali riguarda la compartimentazione della conoscenza all'interno dello schema di Locke. I critici sostengono che questo approccio potrebbe ostacolare la comprensione olistica di fenomeni complessi che spesso trascendono i confini disciplinari tradizionali. L'interazione tra diversi campi come neuroscienze, psicologia e filosofia sottolinea l'inadeguatezza di confinare la conoscenza all'interno di categorie predefinite. Inoltre, la crescita esponenziale degli studi interdisciplinari richiede di rivalutare la struttura gerarchica insita nella classificazione di Locke. Le dinamiche della ricerca contemporanea richiedono un modello più integrato e adattabile che tenga conto della fusione di più discipline accademiche. Nonostante queste critiche, i sostenitori della divisione di Locke affermano che i principi sottostanti offrono ancora spunti preziosi sull'organizzazione della conoscenza. Sostengono che, sebbene gli adattamenti siano essenziali, i concetti fondamentali di delineazione di vari rami dell'apprendimento rimangono pertinenti. Inoltre, sostengono che la continuità storica fornita dalla tassonomia di Locke contribuisce a una comprensione coerente dello sviluppo della conoscenza umana. Il discorso in corso che circonda la classificazione di Locke esemplifica la persistenza della sua influenza sulle indagini epistemologiche.

Capitolo XIV
L'INFLUENZA DI LOCKE SUGLI ALTRI PENSATORI

L'influenza di John Locke in vari ambiti filosofici è innegabile, poiché le sue idee hanno riecheggiato negli annali della storia intellettuale, plasmando diverse discipline e sfidando ideologie radicate. Nel regno dell'epistemologia, l'empirismo di Locke ha gettato le basi per un nuovo approccio alla comprensione dell'acquisizione della conoscenza. La sua enfasi sull'esperienza sensoriale e il rifiuto delle idee innate hanno aperto la strada a un cambiamento di paradigma che continua a risuonare nei dibattiti moderni sulla natura della conoscenza. Inoltre, la filosofia morale di Locke incentrata sui diritti naturali e sulla teoria del contratto sociale ha avuto un impatto sul pensiero politico, annunciando la nascita della democrazia liberale e influenzando figure di spicco come Thomas Jefferson e i padri fondatori della Costituzione degli Stati Uniti.

L'impatto di Locke si estese oltre i confini della filosofia politica, fino al dominio dell'istruzione. La sua convinzione nella tabula rasa, o tabula rasa, come punto di partenza per la cognizione umana, influenzò i riformisti dell'istruzione come Maria Montessori, il cui approccio pedagogico era sostenuto dai principi empirici di Locke. Inoltre, le idee economiche di Locke, che sostenevano i diritti di proprietà e i principi del libero mercato, fornirono una pietra angolare per l'economia liberale classica e influenzarono i successivi teorici economici, plasmando le fondamenta del pensiero capitalista.

Nell'ambito dell'etica, le affermazioni di Locke sulla legge naturale e l'autonomia individuale stimolarono il discorso sulla relazione tra ragione, moralità e libertà personale. Le sue idee riguardanti la limitazione dell'autorità governativa nella salvaguardia delle libertà individuali non solo servirono da precursori per le filosofie libertarie, ma generarono anche dibattiti sulle responsabilità etiche del potere statale. Inoltre, le prospettive di Locke sulla tolleranza religiosa e la separazione tra chiesa e stato risuonarono per tutta l'era dell'Illuminismo, contribuendo alla ricerca incessante di libertà religiosa e governo secolare.

John Locke e Thomas Hobbes: contrasti nella teoria del contratto sociale.

Nell'esaminare le teorie del contratto sociale di John Locke e Thomas Hobbes, è essenziale comprendere le disparità fondamentali tra questi due eminenti filosofi. Locke e Hobbes rappresentano prospettive divergenti sulla natura degli esseri umani, sull'autorità governativa e sui principi alla base del contratto sociale. Al centro del loro disaccordo c'è la loro concettualizzazione dello stato di natura. Per Hobbes, lo stato di natura è caratterizzato da caos, insicurezza e assenza di moderazione morale, che porta alla necessità di un sovrano potente per mantenere l'ordine e impedire una discesa in un conflitto perpetuo. Al contrario, la rappresentazione dello stato di natura di Locke enfatizza i diritti naturali, il rispetto reciproco e un significativo grado di armonia, sebbene non privo delle sue sfide. Secondo Locke, gli individui possiedono diritti intrinseci alla vita, alla libertà e alla proprietà, che devono essere salvaguardati da un governo legittimo responsabile nei confronti del popolo.

Inoltre, le diverse opinioni sul contratto sociale stesso sono evidenti nelle loro opere. Hobbes postula un trasferimento assoluto dei diritti individuali al sovrano, stabilendo così un'autorità inattaccabile per la preservazione della pace e della sicurezza. Ciò contrasta nettamente con la convinzione di Locke in un governo limitato che esiste principalmente per proteggere i diritti naturali dei cittadini e può essere modificato o sostituito se non riesce a soddisfare questo obbligo fondamentale. Le loro prospettive contrastanti sulla natura umana, lo stato di natura e il ruolo della governance hanno avuto implicazioni per la teoria politica e lo sviluppo delle moderne società democratiche.

In sostanza, le differenze nelle loro teorie del contratto sociale si estendono alle rispettive concezioni di libertà, uguaglianza e legittimità della ribellione. Mentre Hobbes vede la libertà come l'assenza di impedimenti esterni e l'uguaglianza come l'assenza di distinzione, Locke percepisce la libertà come non sottomissione a un governo arbitrario e l'uguaglianza come fondata sul riconoscimento di diritti naturali condivisi. Inoltre, Locke introduce il diritto di ribellione come mezzo per rettificare il governo tirannico, sottolineando la responsabilità dei governanti nei confronti dei governati, mentre Hobbes rifiuta con veemenza la ribellione, affermando che l'autorità assoluta del sovrano deve essere preservata a tutti i costi.

Locke e Rousseau: diritti naturali e volontà generale.

Locke, in quanto sostenitore della libertà individuale e dei diritti naturali, ha sottolineato i diritti intrinseci della vita, della libertà e della proprietà. Ha postulato che questi diritti non derivavano dall'autorità governativa, ma erano fondamentali per la natura umana. Al contrario, il concetto di volontà generale di Rousseau sottolineava gli interessi collettivi della comunità nel suo insieme, trascendendo le inclinazioni individuali. Rousseau sosteneva che la volontà generale rappresenta il bene comune e dovrebbe guidare il processo decisionale politico. Le disparità tra l'enfasi di Locke sulle libertà personali e la priorità data da Rousseau al benessere della comunità forniscono un quadro intrigante per l'analisi comparativa. L'enfasi di Locke sull'individuo come fondamento della legittimità politica è in contrasto con la nozione di Rousseau del collettivo come forza trainante dietro la governance sociale. Inoltre, evidenziando la tensione tra le loro filosofie, la percezione di Rousseau di un contratto sociale che accoglie la volontà generale è in diretto conflitto con le opinioni di Locke sulla preservazione dei diritti naturali attraverso un limitato intervento governativo. Nonostante le differenze, esplorare l'interazione tra la teoria dei diritti naturali di Locke e il concetto di volontà generale di Rousseau svela spunti di riflessione sulla filosofia politica.

Eredità empiriche: Locke e David Hume.

La filosofia empirica di John Locke ha influenzato notevolmente lo sviluppo dell'epistemologia e della teoria della conoscenza. Tuttavia, è fondamentale accostare le idee di Locke a quelle di David Hume, un'altra figura di spicco della tradizione empirista. Le indagini di Hume sulla natura della comprensione umana e sui limiti della conoscenza offrono un contrasto convincente con la posizione di Locke.

Uno degli aspetti centrali del loro dibattito ruota attorno al concetto di causalità. Mentre Locke sostiene che le relazioni causali derivano dalle nostre esperienze sensoriali e che possiamo acquisire conoscenza del mondo esterno attraverso queste impressioni, Hume sfida questa nozione affermando che la causalità è semplicemente un'abitudine di associazione basata su esperienze ripetute e non può essere conosciuta attraverso la ragione o l'osservazione. Questa distinzione ha un impatto fondamentale sui loro approcci alla comprensione del mondo naturale e plasma le rispettive eredità empiriche.

Inoltre, la critica di Hume del sé come insieme di percezioni è in netto contrasto con la convinzione di Locke nell'esistenza di un sé continuo nel tempo, causando una divergenza nei loro fondamenti filosofici. Le loro discussioni sull'origine delle idee, il ruolo della sensazione e della riflessione e la natura della credenza continuano a essere influenti nei dibattiti contemporanei all'interno dell'epistemologia. Inoltre, i loro

contributi alla filosofia della scienza e le loro critiche alle spiegazioni metafisiche hanno lasciato un segno indelebile nello
sviluppo della moderna ricerca scientifica.

Filosofie educative: Locke contro Montessori.

La filosofia educativa di John Locke, come delineata nella sua
influente opera "Pensieri sull'educazione", ha gettato le basi
per la teoria e la pratica educativa moderna. Al centro delle
idee di Locke c'era la convinzione che i bambini non nascono
con una conoscenza o un carattere innati, ma piuttosto li acquisiscono attraverso l'esperienza e l'apprendimento. Questa
enfasi sull'apprendimento empirico e sull'ambiente del bambino ha influenzato notevolmente lo sviluppo dei sistemi educativi in tutto il mondo.

Al contrario, Maria Montessori, medico ed educatrice italiana,
ha sviluppato un approccio educativo unico basato sulle sue
osservazioni delle tendenze naturali all'apprendimento dei
bambini. Il metodo Montessori enfatizza l'attività autodiretta,
l'apprendimento pratico e il gioco collaborativo. Montessori
credeva che i bambini avessero un desiderio innato di esplorare e imparare e che il ruolo dell'insegnante fosse quello di
guidare e facilitare questo processo.

Confrontando Locke e Montessori, troviamo sia somiglianze
che differenze nei loro approcci all'istruzione. Mentre Locke
sottolineava l'importanza di plasmare il carattere e l'intelletto
di un bambino attraverso l'apprendimento esperienziale e l'e-
sposizione a un ambiente vario, Montessori si concentrava
sulla creazione di un ambiente che consentisse ai bambini di
imparare al proprio ritmo e in base ai propri interessi individuali.

L'influenza di Locke può essere vista nei programmi strutturati
e nell'enfasi sull'educazione morale che si trovano in molti

contesti educativi tradizionali. Al contrario, le scuole Montessori danno priorità all'indipendenza, alla libertà entro limiti e al rispetto per lo sviluppo psicologico, fisico e sociale naturale di un bambino. Entrambe le filosofie educative continuano a plasmare la pedagogia moderna e hanno scatenato dibattiti in corso sui metodi più efficaci per promuovere la crescita intellettuale, emotiva e sociale dei bambini.

L'influenza di Locke sui padri fondatori americani:

La filosofia di John Locke ebbe un impatto sulle fondamenta intellettuali della Rivoluzione americana e sulla successiva formazione degli Stati Uniti. Le teorie politiche sostenute da Locke fornirono un quadro teorico che influenzò notevolmente il pensiero dei Padri Fondatori americani. In molti modi, le idee di Locke servirono da catalizzatore per lo sviluppo di concetti rivoluzionari come i diritti naturali, la teoria del contratto sociale e il governo limitato, tutti centrali nei documenti fondativi degli Stati Uniti.

Una delle eredità più riconoscibili dell'influenza di Locke può essere trovata nella Dichiarazione di Indipendenza, dove Thomas Jefferson, uno degli autori principali, attinse ampiamente dalle teorie di Locke. La famosa frase "Vita, libertà e ricerca della felicità" incarna il concetto di diritti naturali di Locke e divenne una caratteristica del pensiero politico americano. Inoltre, la convinzione del diritto di modificare o abolire governi oppressivi, come articolato nella Dichiarazione, riecheggia l'idea di Locke del diritto del popolo a ribellarsi ai governanti ingiusti.

Inoltre, la difesa di Locke della separazione dei poteri e della necessità di controlli ed equilibri all'interno del governo ha direttamente influenzato la progettazione della Costituzione degli Stati Uniti e del suo sistema di governance. Molti dei Federalist Papers, scritti da Alexander Hamilton, James

Madison e John Jay, riflettono anche l'influenza delle teorie politiche di Locke. È evidente che le idee di Locke permeavano l'ambiente intellettuale della fondazione americana, plasmando i principi fondamentali su cui è stata fondata la nazione. Queste influenze si sono estese oltre il regno della teoria costituzionale e legale, influenzando il panorama culturale e filosofico della prima America. L'enfasi sulla libertà individuale, sui diritti di proprietà privata e sulla ricerca della felicità come elementi fondanti dell'ethos americano può essere fatta risalire agli scritti di Locke.

Confronto tra Locke e Voltaire: gli ideali illuministi.

L'era dell'Illuminismo ha segnato un periodo di sviluppo intellettuale e filosofico, caratterizzato da un radicale cambiamento verso la ragione, la scienza e la libertà individuale. Durante questa epoca di trasformazione, le idee e gli scritti di John Locke e Voltaire sono emersi come forze influenti nel plasmare il panorama intellettuale, con entrambe le figure che hanno lasciato un'impronta indelebile nel corso della storia. Nonostante appartenessero a nazionalità diverse (Locke era inglese e Voltaire proveniva dalla Francia), i loro rispettivi contributi si sono intrecciati per plasmare il quadro concettuale dell'Illuminismo. Da un lato, la difesa di Locke per i diritti naturali, la tolleranza religiosa e il governo limitato ha influenzato lo sviluppo delle moderne democrazie costituzionali, mentre Voltaire, un ardente sostenitore della libertà di parola, della libertà religiosa e della separazione tra chiesa e stato, ha svolto un ruolo fondamentale nel sostenere le libertà civili e l'indagine razionale. Entrambi i filosofi hanno ardentemente sostenuto i principi di ragione, libertà e progresso, incarnando lo spirito dell'Illuminismo. Tuttavia, le sfumature nelle loro prospettive offrono affascinanti vie per l'analisi comparativa. Locke, radicato nell'empirismo, ha sottolineato l'importanza dell'esperienza sensoriale e dell'osservazione nell'acquisizione della conoscenza, sostenendo le sue teorie di governance e legge naturale. Al contrario, Voltaire, fervente critico del dogma religioso e della superstizione, ha sposato una fervente fede nel potere della ragione umana e delle prove empiriche, spesso sfruttando satira e arguzia per esporre ingiustizie sociali e difetti istituzionali.

Teorie economiche: Locke e Adam Smith.

I contributi di John Locke alla teoria economica gettarono le basi per l'emergere dell'economia capitalista moderna. La sua enfasi sui diritti di proprietà, sul lavoro e sulla libertà individuale influenzò significativamente le idee di Adam Smith, spesso considerato il padre dell'economia moderna. Le teorie di Locke sui diritti di proprietà fornirono un quadro per comprendere l'acquisizione e la proprietà di risorse materiali, preparando il terreno per lo sviluppo delle opinioni di Smith sull'importanza della proprietà privata e sulla relazione tra lavoro e ricchezza. La difesa di Locke per un intervento governativo limitato negli affari economici e la sua convinzione nell'armonia naturale tra interesse personale e bene comune risuonarono profondamente anche con le idee fondanti di Adam Smith. In "La ricchezza delle nazioni", Adam Smith ampliò i concetti di Locke, presentando la nozione della mano invisibile come forza guida nell'economia, in cui gli individui che perseguono il proprio interesse personale contribuiscono inavvertitamente alla prosperità complessiva della società. Inoltre, la visione di Smith del capitalismo di libero mercato è strettamente in linea con l'insistenza di Locke sulla minima ingerenza governativa, sulla promozione della concorrenza e sulla protezione della proprietà privata.

Locke e Kant: ragione, moralità e autonomia.

Le idee di John Locke riguardanti ragione, moralità e autonomia hanno gettato una base significativa per il successivo discorso filosofico, e questa influenza è particolarmente evidente nell'opera di Immanuel Kant. Esaminando la relazione tra Locke e Kant, diventa evidente come la filosofia empirica di Locke abbia aperto la strada alla filosofia critica di Kant, specialmente nei regni della ragione, della moralità e dell'autonomia.

In primo luogo, l'enfasi di Locke sul ruolo dell'esperienza e della percezione sensoriale come fonti primarie di conoscenza ha influenzato direttamente il quadro epistemologico di Kant. Postulando che tutta la conoscenza umana ha origine dalle esperienze, Locke ha sfidato le dottrine razionaliste tradizionali e ha preparato il terreno per l'idealismo trascendentale di Kant. Kant si è basato sull'empirismo di Locke affermando che mentre le esperienze sensoriali forniscono il materiale per la cognizione, è la ragione che struttura questo materiale attraverso le sue categorie intrinseche, richiedendo un riorientamento dell'indagine filosofica verso le strutture innate di comprensione della mente.

In secondo luogo, le implicazioni etiche delle teorie di Locke risuonavano profondamente anche con l'etica kantiana. L'enfasi di Locke sui diritti naturali, in particolare sui diritti di proprietà e sull'autonomia individuale, stabilì le basi per l'etica deontologica di Kant. Entrambi i pensatori affermarono il valore intrinseco degli individui e asserirono il significato fondamentale della ragione nel guidare l'agenzia morale. Tuttavia, mentre Locke si concentrava principalmente sulla preservazione dei diritti naturali all'interno di un quadro di contratto sociale, Kant estese le implicazioni dell'autonomia morale al concetto di imperativi categorici e massime universalizzabili, perfezionando e ampliando ulteriormente la portata della filosofia morale.

Infine, in termini di autonomia, l'enfasi di Locke sulla libertà individuale e l'autogoverno ha direttamente informato la concezione di ragione pratica di Kant. Le nozioni di tolleranza e governo limitato di Locke hanno fornito un terreno fertile per l'articolazione di Kant dell'autonomia come componente essenziale della dignità umana. Kant ha ampliato le idee di Locke attraverso la sua illuminazione dell'imperativo categorico, postulando che gli individui possiedono la capacità di prendere decisioni autonome e di emanare leggi morali, plasmando fondamentalmente i propri destini in conformità con i principi universali, facilitando un cambiamento di paradigma nelle deliberazioni etiche.

Capitolo XV
50 CITAZIONI CHIAVE DI JOHN LOCKE

1.
"La lettura fornisce alla mente solo materiale di conoscenza; è il pensiero che rende nostro ciò che leggiamo."

2.
"Non dirmi cosa non so fare!"

3.
"Il miglioramento della comprensione ha due scopi: in primo luogo, l'aumento della nostra conoscenza; in secondo luogo, consentirci di trasmettere tale conoscenza ad altri."

4.
"La lotta è il modo in cui la natura la rafforza."

5.
"La logica è l'anatomia del pensiero."

6.
"Ciò che ti preoccupa, ti domina."

7.
"Dove non c'è legge non c'è libertà."

8.
"La curiosità nei bambini non è altro che un desiderio di conoscenza."

9.
"Con i libri siamo sulle spalle dei giganti."

10.

"La disciplina del desiderio è il background del carattere."

11.
"Questo è il mio destino, devo farlo, dannazione! Non dirmi cosa posso e cosa non posso fare!"

12.
"Tutta la ricchezza è il prodotto del lavoro."

13.
"Chi siamo noi per dire a qualcuno cosa può o non può fare?"

14.
"Ho sempre pensato che le azioni degli uomini siano le migliori interpreti dei loro pensieri."

15.
"La mente è dotata di idee solo attraverso l'esperienza."

16.
"La giustizia e la verità sono i legami comuni della società."

17.
"Nessuno può vantare una conoscenza superiore alla propria esperienza."

18.
"La rivolta è un diritto del popolo."

19.
"L'istruzione è il principio del gentiluomo, ma la lettura, la buona compagnia e la riflessione devono completarlo."

20.

"Le nuove opinioni sono sempre sospettate e solitamente osteggiate, senza altra ragione se non perché non sono già diffuse."

21.
"Non ho motivo di supporre che colui che vorrebbe togliermi la libertà, non mi porterebbe via tutto il resto quando mi avesse in suo potere."

22.
"Ci sono due lati, due giocatori. Uno è chiaro, l'altro è oscuro."

23.
"Una mente sana in un corpo sano è una descrizione breve ma completa di uno stato felice in questo mondo."

24.
"Ogni uomo ha una proprietà nella sua persona. Nessuno ha diritto a questo, se non lui stesso."

25.
"Il bene e il male, la ricompensa e la punizione, sono gli unici moventi per una creatura razionale."

26.
"Non c'è nulla nell'intelletto che prima non fosse nei sensi."

27.
"Il governo non ha altro fine che la preservazione della proprietà."

28.
"Ciò che è statico e ripetitivo è noioso. Ciò che è dinamico e casuale è confusionario. Nel mezzo c'è l'arte."

29.

"La curiosità nei bambini non è altro che un appetito per la conoscenza. La grande ragione per cui i bambini si abbandonano completamente a sciocchezze e sprecano il loro tempo in modo insipido è perché scoprono che la loro curiosità è ostacolata e le loro indagini trascurate".

30.
"Una mente sana in un corpo sano è una breve ma completa descrizione di uno stato felice in questo mondo: chi possiede queste due cose, non ha molto altro da desiderare; e chi ne desidera una, non otterrà molto di più da qualsiasi altra cosa."

31.
"Il fine della legge non è abolire o limitare, ma preservare e ampliare la libertà. Perché in tutti gli stati degli esseri creati capaci di legge, dove non c'è legge, non c'è libertà."

32.
"Sono certo che lo zelo o l'amore per la verità non potranno mai permettere che la falsità venga utilizzata per difenderla."

33.
"Non lasciare che le cose che non hai ti impediscano di usare quelle che hai."

34.
"Da quanto tempo tieni quelle parole nella tua testa, sperando di usarle?"

35.
"Le dimostrazioni matematiche, come i diamanti, sono dure e chiare e possono essere affrontate solo con un ragionamento rigoroso."

36.

"Lo stato di natura è governato da una legge naturale che obbliga tutti: e la ragione, che è quella legge, insegna a tutta l'umanità, che voglia solo consultarla."

37.
"La memoria è il potere di far rivivere nella nostra mente quelle idee che, dopo essere state impresse, sono scomparse o sono state lasciate da parte."

38.
"In principio, tutto il mondo era America."

39.
"Il più prezioso di tutti i beni è il potere su noi stessi."

40.
"La rabbia è un disagio o un turbamento della mente che si manifesta quando si riceve un'ingiuria, con l'intento immediato di vendicarsi."

41.
"La fortezza è la guardia e il sostegno delle altre virtù."

42.
"Essendo tutti uguali e indipendenti, nessuno dovrebbe danneggiare un altro nella sua vita, salute, libertà o beni."

43.
"La grande arte di imparare molto è intraprendere un po' alla volta."

44.
"Quando le persone camminano sempre nello stesso posto, appare un sentiero."

45.

"L'unica barriera contro il mondo è una conoscenza approfondita di esso."

46.
"È di grande utilità per il marinaio conoscere la lunghezza della sua lenza, anche se con essa non può scandagliare tutte le profondità dell'oceano."

47.
"Chi usa le parole in modo disordinato e instabile non verrà ascoltato o compreso."

48.
"I nostri redditi sono come le nostre scarpe: se sono troppo piccole, ci irritano e ci pizzicano; ma se sono troppo grandi, ci fanno inciampare e inciampare."

49.
"Se qualcuno rivendica il potere di imporre e riscuotere tasse sul popolo con la propria autorità e senza il consenso del popolo, viola la legge fondamentale della proprietà e sovverte lo scopo del governo."

50.
"È così difficile mostrare i vari significati e le imperfezioni delle parole quando non abbiamo altro che parole per farlo."

Milton Keynes UK
Ingram Content Group UK Ltd.
UKHW030747121124
451094UK00013B/904